Comment INFLUENCER
sans en avoir l'air

La Méthode EPIIC
Pour transformer vos interactions

François Camus

SOMMAIRE

AVANT-PROPOS : INTRODUCTION À LA MÉTHODE EPIIC 10

PARTIE I : MAÎTRISEZ L'ART DE LA COMMUNICATION.. 13

CHAPITRE 1 : ÉLOCUTION PERCUTANTE POUR IMPRESSIONNER 14

Sous-chapitre 1.1 : Apprenez à tenir en haleine votre auditoire avec des techniques d'élocution dynamiques 14

Sous-chapitre 1.2 : Techniques pour sélectionner les mots qui auront le plus grand impact sur votre audience 21

CHAPITRE 2 : PERSUASION ET PRÉSENCE 27

Sous-chapitre 2.1 : Conseils pour développer un charisme naturel qui renforce votre présence 27

Sous-chapitre 2.2 : Stratégies pour améliorer votre capacité à répondre de manière intelligente et pertinente en temps réel 31

CHAPITRE 3 : INTÉGREZ L'INTELLIGENCE ÉMOTIONNELLE 37

Sous-chapitre 3.1 : Comment utiliser l'intelligence émotionnelle pour convaincre éthiquement ? 37

Sous-chapitre 3.2 : Techniques pour pratiquer une écoute active qui transforme vos interactions 41

CHAPITRE 4 : INSPIREZ PAR LA CLARTÉ 56

Sous-chapitre 4.1 : Organiser ses pensées clairement et renforcer votre message 56

Sous-chapitre 4.2 : Maitriser l'art de l'improvisation pour rester fluide et réactif dans toutes les situations 62

CHAPITRE 5 : CONSTRUIRE LA CONFIANCE 68

Sous-chapitre 5.1 : Astuces pour gérer l'anxiété et le trac, et parler avec confiance 68

Sous-chapitre 5.2 : L'influence de la posture et de la gestuelle sur votre capacité à communiquer efficacement 71

PARTIE II : MISE EN PRATIQUE DE LA MÉTHODE EPIIC AU QUOTIDIEN 76

CHAPITRE 6 : ENGAGEZ ET MAINTENIR L'ATTENTION... 77

Sous-chapitre 6.1 : Techniques pour captiver et maintenir l'attention de votre public du début à la fin 77

Sous-chapitre 6.2 : Stratégies pour encourager et gérer l'interaction avec votre audience 91

CHAPITRE 7 : MAÎTRISEZ LE STORYTELLING 96

Sous-chapitre 7.1 : Apprenez à utiliser le storytelling pour rendre vos messages mémorables 96

Sous-chapitre 7.2 : Techniques pour établir une connexion émotionnelle forte à travers vos histoires 100

CHAPITRE 8 : NÉGOCIATION ET DIPLOMATIE 105

Sous-chapitre 8.1 : Les clés pour négocier de manière efficace et persuasive 105

Sous-chapitre 8.2 : Stratégies pour exprimer vos idées de manière diplomate et respectueuse 114

CHAPITRE 9 : LA PUISSANCE DU NON-VERBAL 130

Sous-chapitre 9.1 : Techniques pour interpréter et utiliser le langage corporel pour améliorer la communication 130

SOUS-CHAPITRE 9.2 : COMMENT LES SIGNAUX NON-VERBAUX PEUVENT RENFORCER OU AFFAIBLIR VOTRE MESSAGE 139

CHAPITRE 10 : AYEZ DE LA RÉPARTIE ET DÉSAMORCEZ DES SITUATIONS TENDUES 143

SOUS-CHAPITRE 10.1 : DÉVELOPPEZ LA CAPACITÉ DE PENSER SUR LE CHAMP 143

SOUS-CHAPITRE 10.2 : STRATÉGIES POUR MAITRISER LES RIPOSTES AMUSANTES ET LES RÉPONSES MALICIEUSES 152

CONCLUSION 157

REMERCIEMENTS 159

Copyright © 2024

Tous les droits sont réservés. Aucune partie de cette publication ne peut être reproduite, distribuée ou transmise sous quelque forme ou par quelque moyen que ce soit, y compris la photocopie, l'enregistrement ou d'autres méthodes électroniques ou mécaniques, sans l'autorisation écrite préalable de l'éditeur, sauf dans le cas de brèves citations incorporées dans les critiques et certaines autres utilisations non commerciales autorisées par la loi sur le droit d'auteur. Toute référence à des événements historiques, à des personnes réelles ou à des lieux réels peut être réelle ou utilisée fictivement pour respecter l'anonymat. Les noms, les personnages et les lieux peuvent être le produit de l'imagination de l'auteur.

Imprimé par Amazon.

Commençons par les présentations, je suis **François Camus,** conférencier à mes grandes heures et ancien professeur des écoles. J'aime me voir comme un homme à l'âme animée par une passion dans la recherche et la compréhension de ce qui fait les relations, la communication entres les êtres, la psychologie et le développement personnel. J'ai consacré bien des années à explorer et maîtriser les secrets de l'art oratoire entre autre ainsi que les manières d'adapter sa manière de communiquer. Le constat que j'en fais aujourd'hui est que mes relations s'en sont trouvées renforcées et qu'à bien des reprises j'ai eu la surprise d'apprendre que mes idées, ou simplement ma manière d'être en a inspirée plus d'un. C'est à ce moment là que mon titre vous fait écho me direz vous ?

Aujourd'hui, je suis là pour vous et deviendrai avec la plus grande humilité votre coach personnel afin que vous deveniez expert dans la manière d'insuffler aux autres ce que vous avez décidé. Mais attention, ce livre n'est pas un traité de manipulation. Certes, au fils de ses pages vous allez apprendre à influencer. Mais influencer de la bonne façon. Car vous allez également apprendre comment comprendre autrui et vous adapter consciemment à chacun de vos interlocuteurs.

Je ne suis pas peu fier de partager mes connaissances acquises années après années et ma méthode que j'ai imaginée spécialement pour que tout un chacun puisse devenir un maître de la persuasion discrète. Ce livre est le condensé et l'aboutissement de toutes ses années d'apprentissage et de recherches et la Méthode EPIIC que j'ai créée est dans l'objectif de vous aider à libérer votre plein potentiel et vous permettre tout aussi bien de briller dans les conversations les plus pointues que de désamorcer un conflit dont personne ne voyait la fin.

Il fut un temps où je croyais que posséder de solides compétences en communication et en prise de parole en public relevait purement du talent inné, j'étais persuadé que cette facilité à parler et comprendre l'autre n'était possible uniquement que si l'on possédait cette compétence depuis le berceau. Mais tout changea lorsque je fus promu à un poste nécessitant une expression constante et convaincante de mes idées. Confronté brutalement à mes lacunes, je me suis lancé dans une exploration passionnée de l'art oratoire, armé de mon enthousiasme et d'une curiosité insatiable. Pour, finalement, finir par comprendre bien plus que ce que je m'attendais à découvrir.

Au départ, lorsque ma carrière débuta dans une université française dont vous avez certainement déjà entendu parler, chaque présentation était source d'angoisse et de frustration pour moi; ma voix tremblotante et mon manque de conviction sapaient systématiquement mes tentatives de convaincre quiconque. Mes élèves autant que mes collègues semblaient distraits, indifférents à mes propos, comme s'il existait un mur invisible entre eux et moi.

J'ai exploré d'innombrables ressources. Livres, articles, vidéos et formations, conférences, tout les formats y sont passés pour que je puisse tirer profit des meilleures pratiques éprouvées. J'ai tout mis en oeuvre pour avoir l'occasion de parler à des figures de la vente, des hommes politiques, des producteurs de télévision, chef d'entreprise et coachs connu en développement personnel. Au fil du temps, je commençai à repérer des schémas et des modèles qui fonctionnaient particulièrement bien, notamment en observant des experts en communication et en assistant à des événements live. Ces leçons apprises, je les testai méticuleusement, faisant preuve de patience et de persévérance pendant que je perfectionnais mes nouvelles habiletés.

Malgré certaines avancées encourageantes, j'expérimentai encore des hauts et des bas. Parfois, mon trac refaisait surface, obscurcissant mon discours; d'autres fois, je négligeais l'impact crucial de certains aspects non-verbaux, compromettant ainsi la force de mon argumentation.

Mais plutôt que de baisser les bras, j'ai redoublé d'ardeur et approfondis mes recherches sur l'éloquence et la psychologie humaine. *En chemin, je réalisai que l'éloquence va bien au-delà de la simple articulation correcte et du choix judicieux des termes. Elle exige également une intelligence émotionnelle aigüe, une aptitude à cerner les sentiments sous-jacents et une capacité à créer un lien sincère avec autrui.*

Petit à petit, je mis au point une technique infaillible, baptisée « **La Méthode EPIIC** », axée sur cinq principes fondamentaux : *Élocution percutante (E), Persuasion (P), Intelligence dans la Communication (I), Inspiration par* *la Clarté (I) et Construction de Confiance (C).* Grâce à cet arsenal de compétences linguistiques et relationnelles, je transcendai finalement mes limites initiales et devins un conférencier accompli.

Aujourd'hui, je tiens à partager ces acquis avec vous, chers lectrices et lecteurs. À travers ce livre, je souhaite insuffler en vous l'envie irrésistible de conquérir les foules, de cultiver une influence positive et de vivre pleinement votre potentiel communicationnel.

Mon histoire reflète celle de beaucoup d'entre nous. Quels que soient nos défis initiaux, notre volonté farouche de triompher peut conduire à des résultats extraordinairement gratifiants.

Alors, préparez-vous à explorer avec moi comment dompter les rouages complexes de la communication et élaborer des stratagèmes astucieux susceptibles de convertir même le plus timide d'entre vous en brillant orateur !

François Camus

Avant-Propos : Introduction à la méthode EPIIC

Bienvenus dans ce guide destiné à booster vos talents oratoires ! Je suis heureux de vous accompagner dans ce fascinant périple visant à perfectionner votre expression orale et à accroître votre impact lors de vos interventions publiques.

Permettez-moi tout d'abord de me présenter rapidement. Anciennement confronté aux mêmes appréhensions et blocages que bon nombre d'entre vous, j'ai longtemps été habité par le désir irrépressible de m'améliorer en tant qu'orateur. Après avoir essuyé maintes déconvenues et surmonté quantités d'obstacles, j'ai élaboré une technique solide, éprouvée et accessible à tous. Désormais, j'aspire à dispenser ce savoir et à guider celles et ceux qui ambitionnent de rayonner par leur éloquence naturelle.

L'objectif ultime de cet avant-propos consiste à poser les bases de notre collaboration fructueuse. Au fil des pages, nous explorerons ensemble les rouages complexes de la rhétorique et aborderons des concepts aussi variés que passionnants. Notre itinéraire sera balisé selon cinq grandes catégories, regroupées sous l'acronyme EPIIC : *Élocution Percutante (E), Persuasion (P), Intelligence Dans la Communication (I), Inspiration Par la Clarté (I) et Construction de Confiance (C).*

Il importe de souligner que ce recueil entend offrir un bagage complet à celles et ceux qui ressentent le besoin urgent d'affirmer leurs compétences orales, qu'il s'agisse de prononcer un toast lors d'un mariage, de diriger une équipe en milieu professionnel, de prendre la parole en public ou encore de participer à des concours d'éloquence.

Les secrets que je m'apprête à partager avec vous sont issus de mon expérience personnelle ainsi que de recherches exhaustives portant sur la communication, l'art oratoire et la psychologie humaine. Toutefois, gardez à l'esprit que ma méthode constitue avant tout un socle sur lequel vous pourrez édifier vos propres techniques, adaptées à votre singularité et à vos objectifs spécifiques.

Prêt(e) à embarquer ? Embarquons donc, et faisons mentir l'adage selon lequel « *on naît orateur* ». Car croyez-moi, l'aptitude à briller en société, à captiver son auditoire et à marquer durablement les esprits s'apprend bel et bien ! Permettez-moi de conclure en vous adressant ces quelques mots empreints de gratitude et de sympathie : *merci d'être là et bon courage pour la suite ! Sachez que je serai toujours à vos côtés tout au long des pages suivantes, dans les moments fastes comme dans les phases laborieuses, afin de vous soutenir et de vous stimuler jusqu'à l'atteinte de vos ambitieux horizons.*

Bienvenus dans la méthode EPIIC – Une odyssée dont vous sortirez métamorphosé(e) et prêt(e) à illuminer le monde de votre éloquence naturelle.

Partie I : Maîtrisez l'art de la communication

Chapitre 1 : Élocution percutante pour impressionner

Sous-chapitre 1.1 : Apprenez à tenir en haleine votre auditoire avec des techniques d'élocution dynamiques

Dans ce premier sous-chapitre, nous aborderons une composante essentielle de l'élocution percutante : la capacité à garder votre auditoire captivé grâce à des techniques dynamiques. Ces outils vous permettront non seulement de maintenir l'attention de votre public, mais aussi de créer un engagement émotionnel durable.

- **La variation du rythme de votre discours est une clé importante**

L'un des moyens les plus simples consiste à varier le rythme de votre discours. Alterner entre phrases courtes et longues engendrera un effet hypnotique, incitant ainsi votre auditoire à vous suivre attentivement. De même, jouez habilement avec les pauses, utilisez-les pour souligner l'importance de certains points ou pour provoquer un effet dramatique. Une pause bien placée peut être aussi évocatrice qu'un mot prononcé à haute voix.

Imaginons que vous preniez la parole lors d'une conférence importante. Votre objectif ultime serait de marquer les esprits et d'emporter l'adhésion de votre auditoire.

Voici comment appliquer concrètement la variation du rythme et des pauses.

Commencez par formuler plusieurs phrases courtes consécutives afin d'instaurer une cadence soutenue. Par exemple :

"Imaginez. Imaginez un monde où chacun d'entre nous possède les clefs pour s'exprimer avec aisance et éloquence."

Grâce à cette succession de phrases brèves, vous installez une tension narrative et obligez votre public à tendre l'oreille pour saisir chaque mot. Après avoir titillé leur curiosité, alternez avec des phrases plus longues, contenant des informations substantielles :

"Cette vision, loin d'être utopiste, repose sur l'application de certaines techniques oratoires, accessibles à tous, et destinées à embellir notre expression verbale, à intensifier l'impact de nos discours et, à terme, galvaniser notre audience."

À présent, opérez une transition harmonieuse vers l'emploi de pauses stratégiques. Insérez-les juste avant d'aborder un nouveau concept important ou suite à une déclaration frappante. Reprenons notre exemple :

"Notre mission ? Dépasser les frontières conventionnelles de l'expression orale... (pause) ...afin d'atteindre l'excellence communicative."

En incluant cette suspension, vous invitez implicitement votre auditoire à méditer sur la portée des mots employés (*"frontières conventionnelles"*, *"excellence"*) et à anticiper la suite de votre allocution. Autre application possible :

"Il existe une multitude de ressources insoupçonnées en chacun de nous, enfouies sous des couches de timidité, d'auto-jugement ou d'habitudes restrictives..." (pause) *"Silence"*.

Après avoir suggéré l'existence de ces ressources latentes, la pause silencieuse impose une atmosphère mystérieuse, intrigante, invitant les spectateurs à imaginer quelles sont ces fameuses ressources.

Combinées, ces deux tactiques, alternance de phrases courtes et longues, insertion de pauses opportunes contribuent à fluidifier votre discours et à maximiser son impact. Elles représentent des armes redoutables dans l'arsenal de l'orateur moderne, susceptibles de convertir un simple exposé en une performance mémorable. Et gardez toujours à l'esprit que, contrairement aux apparences, Moins, c'est plus : *privilégiez la sobriété et l'harmonie dans vos variations de rythme et de silence.*

- **Adoptez un langage corporel affirmé pour soutenir variation du rythme de votre discours**

Votre corps doit véhiculer la force de vos propos, servant de complément visuel à votre discours. Affichez une posture droite, regardez fixement dans les yeux de votre auditoire et usez de mouvements calculés pour illustrer vos dires. Ne négligez jamais l'impact du non-verbal : *il représente jusqu'à 55 % de la communication globale !*

Adopter un langage corporel affirmé constitue un aspect vital de l'élocution percutante. Notre corps peut servir d'amplificateur à nos propos, apportant une dimension supplémentaire à notre discours.

Voici comment tirer profit de cette ressource inestimable :

- **Afficher une posture droite revêt une importance capitale.** Debout ou assis, gardez toujours le dos droit et relevez légèrement le menton. Cette position respire la confiance et la dignité, invitant implicitement votre auditoire à vous considérer comme digne de foi. Par contraste, une posture avachie traduit généralement le manque de motivation et d'autorité, nuisant à votre image d'orateur crédible.

- **Regarder fixement dans les yeux de votre auditoire témoigne de votre honnêteté et de votre implication.** En effet, le contact visuel instaure un sentiment d'intimité et de proximité, favorisant ainsi l'empathie et l'identification mutuelle. Veillez cependant à alterner entre différents membres de votre public afin de ne pas aliéniser accidentellement certaines personnes. Si vous éprouvez des difficultés à soutenir le regard de votre auditoire, concentrez-vous sur un point situé derrière leur tête : *cette feinte subtile suffira à créer l'illusion d'un contact visuel direct.*

- Les mouvements calculés représentent un autre instrument puissant pour appuyer vos dires. Au lieu de vous agiter nerveusement ou de rester statique, exploitez l'espace disponible en marchant de gauche à droite, en orientant le haut de votre corps vers les spectateurs concernés et en ponctuant vos déclarations de gestes appropriés. Attention toutefois à ne pas surestimer l'impact des gestes : *excessivement larges ou fréquents, ils peuvent distraire votre auditoire et miner l'efficacité de votre message.*

- Ne sous-estimez jamais l'importance du non-verbal dans la communication. Les mots ne comptent que pour environ 7 % de notre impact global, tandis que la voix et le langage corporel respectivement pour 38 % et 55 %. Prendre conscience de cette réalité vous aidera à optimiser chaque aspect de votre performance oratoire, depuis votre timbre vocal jusqu'à vos expressions faciales.

Voici un exemple concret pour illustrer ces concepts.

Imaginez que vous exposez les avantages comparatifs d'un produit innovant. Au cours de votre exposé, vous comparez sa technologie avancée à celle d'alternatives obsolètes. Accompagnez cette distinction en tenant verticalement vos index opposés, représentant respectivement le produit moderne et les technologies archaïques. Faites ensuite glisser latéralement votre main dominante vers l'index opposé, comme pour repousser ce dernier hors de votre chemin.

Supposez que vous animiez une session interactive destinée à sensibiliser les participants à l'importance du travail collaboratif. Demandez aux membres du public de former des groupes de trois ou quatre et proposez-leur d'imaginer ensemble des solutions originales à un cas pratique particulièrement épineux. Durant cette phase d'activité, circulez librement entre les groupes, observez leurs interactions, posez des questions et apportez des commentaires constructifs, le tout en conservant un langage corporel ouvert et sympathique.

Grâce à ces techniques simples mais efficaces, vous maximiserez l'impact de votre élocution percutante, transformant chaque interaction orale en une expérience mémorable et édifiante pour tous les protagonistes.

Par ailleurs, n'ayez pas peur d'injecter de la passion et de l'enthousiasme dans vos paroles. Lorsque vous croyez fermement en ce que vous dites, votre enthousiasme devient contagieux, stimulant l'engagement de votre public. Souriez, montrez de la gratitude et manifestez votre joie : *ces petits gestes favoriseront un climat positif et interactif.*

N'oubliez pas d'inclure des éléments visuels attrayants, tels que des images, des graphiques ou des vidéos. Ils offriront une pause bienvenue aux oreilles de votre auditoire tout en facilitant la compréhension et la rétention des informations transmises.

Toutefois, veillez tout de même à ne pas trop surcharger votre intervention de supports visuels, car ils risqueraient de parasiter votre message verbal.

Sollicitez directement l'interaction de votre auditoire en posant des questions ouvertes, en encourageant les participants à partager leurs opinions ou en organisant des activités participatives. Non seulement ces initiatives maintiendront vos auditeurs actifs et investis, mais elles leur donneront également l'occasion de nouer des liens entre eux, amplifiant encore davantage l'expérience collective.

Avec un peu de patience et de pratique, ces techniques deviendront rapidement les premiers automatismes, faisant de vous un orateur captivant dont on se souviendra longtemps.

Sous-chapitre 1.2 : Techniques pour sélectionner les mots qui auront le plus grand impact sur votre audience

Dans ce deuxième sous-chapitre, abordons un aspect crucial de l'élocution faite pour impressionner : *comment sélectionner les mots qui auront le plus grand impact sur votre audience* ? Après tout, c'est en utilisant le bon vocabulaire que vous pourrez véritablement marquer les esprits et capter l'attention.

Je me suis appuyé sur ces techniques de sélection minutieuse de mots, lors d'une intervention décisive devant un panel d'investisseurs aguerris.

Au lieu d'énoncer froidement des statistiques et des faits, j'ai fait appel à des exemples concrets illustrés par des images vivaces et des analogies pertinentes. Rapidement, j'ai perçu l'engagement croissant du public, dont les regards rivés sur moi trahissaient une attention soutenue.

Par exemple, au moment d'exposer notre produit phare, je le comparai à un phare lumineux balayant l'horizon, symbolisant la clarté et la guidance offertes aux clients perdus dans la mer déchaînée des options disponibles. Ces investisseurs, rompus aux artifices commerciaux habituels, manifestèrent soudainement un enthousiasme palpable, preuve irréfutable de l'impact retentissant exercé par mon choix de mots.

Depuis, j'ai toujours veillé à tirer parti de cette boîte à outils linguistique, notamment quand il s'avère essentiel de toucher juste et de frapper fort. Fort heureusement, ces efforts consentis n'ont jamais été vains, puisque je continue de ressentir l'adhésion immédiate de mon auditoire, conquis par le caractère attrayant et mémorable de mes interventions. Et vous aussi, vous pouvez parvenir à de tels résultats en adoptant ces simples tactiques !

La technique pour sélectionner les mots qui auront le plus grand impact sur votre audience repose essentiellement sur l'adaptation du vocabulaire et des figures de style employées durant votre intervention orale. Ces éléments sont cruciaux car ils conditionnent directement l'engagement et la compréhension de votre auditoire.

Une sélection avisée des mots requiert notamment une attention particulière portée au registre de langue adopté, à l'emploi de figures de styles, au maintien d'un rythme varié, au recours aux verbes actifs et à la vigilance accordée aux transitions.

Imaginez-vous debout derrière un pupitre, le regard braqué sur une salle remplie d'attentes impatientes. Vous inspirez profondément et commencez à prononcer vos premiers mots. *Mais attendez... Avez-vous déjà considéré l'impact que chaque mot peut avoir sur vos auditeurs ?* Prenez garde à éviter les phrases longues et alambiquées susceptibles de noyer votre message. Tournez-vous plutôt vers un langage concis, coloré et imagé.

Voici quelques astuces pour vous guider dans le choix de vos mots :

- **Adoptez un registre familier :** Favorisez un vocabulaire couramment employé dans la conversation quotidienne, loin des tournures trop formelles ou spécialisées susceptibles de couper court à l'empathie.

- **Recourez aux figures de styles :** Employez métaphores, comparaisons et hyperboles afin de donner davantage de relief à vos déclarations et faciliter leur mémorisation.

- **Variez votre rythme :** Changez fréquemment le tempo de votre allocution en alternant entre courts et longs segments oratoires. Ceci permettra de stimuler l'intérêt de votre public et favorisera la compréhension globale.

- **Optez pour les verbes actifs :** Plutôt que d'user excessivement de verbes passifs ou impersonnels, privilégiez leurs équivalents actifs, engagés et incarnés.

- **Soignez vos transitions :** Glissez habilement d'une idée à l'autre en usant de connecteurs appropriés (*"par ailleurs"*, *"nonobstant"*, *etc.*). De telles expressions fluidifieront votre discours et solidifieront sa cohérence.

En appliquant rigoureusement ces recommandations, vous constaterez rapidement une nette différence dans la portée de vos interventions. Vos auditeurs seront instantanément happés par votre maîtrise du discours, curieux d'explorer chaque recoin de votre univers discursif. Car, après tout, tel est bien l'objectif visé : *fasciner votre assistance, l'amener à vibrer au diapason de vos envolées lyriques et, ainsi, graver durablement votre passage dans leurs mémoires.*

Action à faire à la fin du chapitre 1

Dans ce premier chapitre consacré à l'élocution percutante pour impressionner son auditoire, mettez en pratique ces cinq actions concrètes, destinées à booster votre talent oratoire :

1. *Prenez conscience de votre respiration : Avant de prononcer une phrase, inspirez profondément pendant trois secondes, puis expirez doucement avant de vous exprimer. De cette façon, vous alimenterez votre diaphragme en air frais, ce qui donnera davantage de force et d'ampleur à votre voix.*

2. *Activez votre corps : Juste avant de parler, effectuez quelques mouvements simples, comme bouger vos bras, contracter vos muscles abdominaux ou lever légèrement vos talons. Ces petites astuces physiques vous permettront d'évacuer le stress et d'adopter une posture plus droite, synonyme de confiance en soi.*

3. *Travaillez votre rythme : Variez les cadences selon l'impact souhaité, alternez entre phrases courtes et incisives, ainsi que plus longues et posées. Veillez néanmoins à conserver une fluidité constante, sans brusques ruptures ni pauses trop prolongées.*

4. *Testez différentes intonations : Expérimentez plusieurs tons vocaux, en fonction de l'émotion visée, colère, joie, surprise, etc. Par exemple, adoptez une voix grave et posée pour imposer le sérieux, ou encore une modulation ascendante pour suggérer l'enthousiasme.*

5. *Construisez des ponts avec des exemples tangibles : Illustrez vos points de vue à l'aide d'exemples concrets issus de la vie courante ou de cas spécifiques. Ces*

illustrations faciliteront la compréhension de vos idées et maintiendront l'engagement de votre audience.

6. *Sollicitez un retour critique : Demandez à un proche de vous écouter et d'analyser objectivement votre prestation. Accueillez ses commentaires constructifs avec bienveillance, en veillant à rectifier les points perfectibles lors de vos prochaines allocutions.*

Gardez à l'esprit que maîtriser l'élocution percutante requiert patience, rigueur et persévérance. Adonnez-vous progressivement à ces exercices, jusqu'à ce qu'ils deviennent spontanés et instinctifs. Faites-vous confiance, osez sortir de votre coquille, et observez combien votre art oratoire fascinera et captivera votre auditoire !

Chapitre 2 : Persuasion et présence

Sous-chapitre 2.1 : Conseils pour développer un charisme naturel qui renforce votre présence

Dans le chapitre deux de notre exploration de la Méthode EPIIC, consacrons-nous spécifiquement aux moyens de développer un charisme naturel qui intensifiera votre présence. Car, avouons-le, être perçu comme charismatique constitue un ingrédient essentiel pour emporter l'adhésion de votre auditoire.

Toutefois, avant de plonger tête baissée dans ce fascinant univers, permettez-moi de dissiper certains mythes couramment associés au charisme. Contrairement à une croyance populaire, le charisme ne représente pas une caractéristique innée exclusivement réservée à certaines personnes privilégiées. Au contraire, tout un chacun peut acquérir cette fabuleuse habileté et ainsi électriser son entourage.

- **Alors, comment concrétiser ce noble objectif ?**

Commençons par aborder l'acceptation de soi, pierre angulaire de toute tentative visant à irradier une solide assurance. Prenez le temps de répertorier vos points forts et vos lacunes, puis acceptez-les franchement, car reconnaître votre humanité intrinsèque favorisera une connexion authentique avec votre auditoire. Lorsque vous assumez pleinement qui vous êtes *(imperfections comprises)*, vous inspirez la sympathie et instaurez une ambiance de proximité, des éléments cruciaux pour nouer des relations fructueuses.

L'honnêteté radicale envers vous-même vous autorise à vous départir du masque oppressant du perfectionnisme, qui entrave souvent notre capacité à établir des connections significatives. Plutôt que de vous consumer en vain dans une quête stérile de perfection, concentrez-vous sur l'amélioration continue et la croissance personnelle.

Vos efforts porteront fruit, et votre authenticité et spontanéité jailliront au grand jour.

Examinons un exemple illustrant les vertus de l'acceptation de soi.

Visualisez-vous confronté à une situation inconfortable, tel qu'un raté retentissant durant une présentation importante. Face à cette mésaventure, deux options s'offriront à vous : soit vous campez sur vos positions en accumulant les justifications hasardeuses, soit vous admettez bravement votre erreur et proposez des actions rectificatives. Optez sans hésitations pour la deuxième solution, car elle démontre votre honnêteté intellectuelle et votre sens des responsabilités, traits hautement estimés en milieu professionnel.

De plus, accordez une importance capitale à votre langage corporel, outil puissant capable de traduire votre niveau de confiance en vous. Affichez une posture droite et fière, maintes fois associée à la dominance et à l'autorité. Veillez également à employer un contact visuel soutenu et chaleureux, facteur clé pour établir une connexion durable avec votre interlocuteur. Ces simples gestes contribuent à solidifier votre image de leader affirmé, doté d'un charisme naturel évident.

Vous pouvez aussi tirer profit de votre environnement immédiat afin d'optimiser votre charisme. Par exemple, portez une attention particulière à votre tenue vestimentaire, qui joue un rôle prédominant dans la construction d'une image professionnelle et soignée. Assurez-vous de choisir des tenues appropriées à l'occasion, ni trop extravagantes ni excessivement discrètes. Et n'oubliez pas d'accessoiriser subtilement votre look, via bijoux, sacoche ou encore lunettes, accessoires susceptibles d'ajouter une touche distinctive à votre ensemble.

Parallèlement, travaillez sur votre vocabulaire et votre prononciation. Une expression riche et nuancée combinée à une articulation impeccable participe à l'instauration d'une image professionnelle et attentive. Qui plus est, prenez garde à moduler convenablement votre débit verbal afin d'éviter de lasser votre assistance. Adoptez un rythme suffisamment soutenu pour stimuler leur attention, mais néanmoins tempéré afin de faciliter la digestion de vos propos.

Autre aspect crucial du charisme, l'aptitude à manifester une empathie sincère envers autrui. Par exemple, montrez-vous réceptif à leurs opinions divergentes, plutôt que de les balayer brutalement d'un revers de main. Ainsi, ils ressentiront votre considération et seront davantage disposés à vous écouter attentivement.

De plus, appropriez-vous l'habileté d'adapter votre communication selon les différents types de personnalités composant votre auditoire. Autrement dit, adressez-vous à chacun en fonction de ses centres d'intérêt spécifiques et de son mode de perception privilégié.

Enfin, veillez à cultiver une attitude positive et optimiste. Non seulement cette dernière vous sera profitable sur le plan personnel, mais elle constituera également un phare lumineux pour votre auditoire. En vérité, les individus sont instinctivement attirés vers ceux qui cultivent la joie de vivre et propagent la bonne humeur. Aussi, abstenez-vous de colporter des ondes négatives susceptibles d'alimenter un climat morose et improductif.

Développer un charisme naturel repose sur une série d'actions concertées, telles que l'acceptation de soi, la maîtrise du langage corporel et l'exploitation judicieuse de votre cadre de travail. Bien que ces changements nécessitent un engagement constant, ils vous propulseront vers un leadership magnétique et remarquable, synonyme de succès et d'influence marquée. Ne laissez plus vos complexes et vos inhibitions miner votre potentiel; aspirez à l'excellence et embrassez votre rayonnement intérieur !

Sous-chapitre 2.2 : Stratégies pour améliorer votre capacité à répondre de manière intelligente et pertinente en temps réel

Dans ce monde où les conversations spontanées sont légion, posséder la faculté d'opiner brillamment et opportunément en temps réel constitue un véritable joyau. Savoir aligner astucieusement ses idées, rebondir adroitement aux objections et apporter des contributions constructives au dialogue permet de rayonner lors des discussions, qu'elles soient formelles ou informelles. Toutefois, comment concrétiser cela ? Décortiquons ensemble plusieurs stratégies susceptibles d'amplifier considérablement votre sagacité en situation réelle.

- **Écoute active** : L'écoute active est un pilier essentiel pour exceller dans l'art de converser. Plutôt que de feindre attention tandis que notre esprit vagabonde, investissons-nous totalement dans l'instant présent et accordons toute notre concentration à notre interlocuteur. Cherchons à comprendre ses dires, ressentis et intentions afin de bâtir une base solide pour instaurer une interaction fructueuse. Plus on absorbe les nuances de ses propos, mieux on sera armé pour leur offrir des retombées avisées et appropriées.

- **Poser des questions incitatives** : Parfois, guider habilement la conversation en posant des questions judicieuses favorise la manifestation de nouvelles idées et perspectives. Ces interrogations incitatives stimulent la curiosité intellectuelle et invitent l'autre à creuser davantage certains aspects de la discussion. De surcroît, elles donnent l'occasion d'approfondir mutuellement nos connaissances et de consolider notre entente. Attention toutefois à éviter les questions trop directives ou suggestives, privilégiant ainsi des requêtes ouvertes et neutres qui nourrissent l'exploration collective.

- **Pratiquer l'empathie :** Se glisser dans la peau de notre vis-à-vis, saisir son point de vue et reconnaître ses sentiments représente une force considérable en matière de communication. Effectivement, en faisant preuve d'empathie, nous augmentons nos chances de tisser un lien sincère et durable avec nos pairs, facilitant ainsi l'adhésion à nos opinions.

  Par exemple, manifester de la curiosité pour leurs centres d'intérêt, éprouver de l'enthousiasme quant à leurs réussites et compatir à leurs tourments montre patiemment que nous nous soucions d'eux et que nous sommes engagés dans la relation.

- **Exploiter le langage non verbal :** Nos expressions faciales, notre attitude corporelle et notre contact oculaire jouent un rôle capital dans la transmission de nos idées et émotions. Ainsi, penser à adopter une posture droite et affirmée, fixer aimablement notre interlocuteur dans les yeux et varier subtilement notre expression faciale traduisent un engagement actif dans la conversation. Adapter son langage corporel aux circonstances, que ce soit en adoptant une position ouverte pendant un brainstorming ou en croisant calmement les bras durant une phase critique de négociation, accentue notre prestige verbal et notre charisme global.

- **Rester calme et positif** : Garder son calme et demeurer positif même quand la tension monte illustre une grande maîtrise de soi et inspire le respect. Lorsque confronté à une remarque acerbe ou à une opposition farouche, opter pour une respiration profonde et tempérée avant de prononcer une phrase équilibrée maintient intacte notre crédibilité et dissipe rapidement les nuages noirs de querelle. Conserver un optimisme radieux, valoriser les points forts de l'argument opposé et souligner les consensus probables alimentent un climat cordial et productif, propice à l'avancée des tractations.

En synthèse, outrepasser les frontières de l'habituelle communication impose un travail constant et assidu sur notre capacité à réagir promptement et ingénieusement en période de discussion improvisée. À travers la mise en application de ces stratégies, nous hissons notre niveau de communication à un stade supérieur, mariant harmonieusement persuasion et authenticité.

Bien que la route vers la perfection oratoire reste longue et sinueuse, sachez que chaque effort investi portera certainement ses fruits et vous dotera progressivement d'une élasticité mentale digne des meilleurs débatteurs. Fiers de vos nouveaux talents, vous serez enfin capable de participer à des dialogues passionnants, captivant l'assemblée par vos observations sagaces et votre présence magnétique. Vous aurez pleinement conscience de l'impact de vos paroles et actions, consolidant vos relations professionnelles et personnelles.

Action à faire à la fin du chapitre 2

Après avoir abordé l'Élocution percutante au chapitre premier, attaquons-nous au deuxième pilier de la méthode EPIIC : la Persuasion et la présence. Voici cinq actions concrètes à mettre en place pour exceller dans ces domaines essentiels :

1. *Adoptez un langage positif : Lorsque vous vous adressez à une audience, veillez à employer un vocabulaire optimiste et encourageant. Focalisez-vous sur les avantages et les solutions plutôt que sur les problèmes et les limitations. De cette façon, vous inciterez vos interlocuteurs à envisager les changements nécessaires avec enthousiasme et motivation.*

2. *Pratiquez l'empathie : Placez-vous dans les chaussures de votre auditoire et comprenez leurs préoccupations, leurs valeurs et leur vision du monde. Une perspective étoffée de compassion vous permettra de concevoir des arguments plus appropriés et susceptibles de toucher directement le cœur de vos interlocuteurs.*

3. *Intéressez vous à votre interlocuteur, mettez un point d'honneur à les connaître, à essayer de comprendre qui ils sont.*

4. *Activez vos sens pour une meilleure connexion : Accrochez vos spectateurs en utilisant simultanément plusieurs canaux sensoriels : visuel, auditif et kinesthésique. Par exemple, combinez images percutantes, modulations vocales variées et gestes théâtralisés pour intensifier l'impact global de votre intervention.*

5. *Restez fidèle à vos convictions : Assumez vos opinions et positions, même si elles divergent de celles de votre auditoire.* Afficher une authenticité sincère et ferme solidifiera votre image d'autorité et augmentera considérablement votre capital sympathie.

En appliquant ces astuces, vous poserez les bases solides de votre art de la persuasion et de la présence magnétique. Prenez plaisir à relever ce nouveau challenge et observez les fruits merveilleux de votre travail.

Chapitre 3 : Intégrez l'intelligence émotionnelle

Sous-chapitre 3.1 : Comment utiliser l'intelligence émotionnelle pour convaincre éthiquement ?

Lorsque nous parlons d'intelligence émotionnelle, il s'agit essentiellement de comprendre et de gérer ses propres émotions ainsi que celles des autres. Dans le cadre de la communication, cela revêt une importance cruciale car cela permet de nouer des relations solides, d'instaurer un climat de confiance et, par conséquent, de convaincre éthiquement.

Il y a plusieurs années, je faisais face à un auditoire particulièrement difficile. Ces individus avaient tendance à être sceptiques, critiques et hermétiques aux nouveaux concepts. Comme vous pouvez l'imaginer, aborder leur tribune fut intimidant, même pour un orateur aguerri tel que moi. Toutefois, armé de ma nouvelle compréhension de l'intelligence émotionnelle, j'ai décidé de relever ce défi de front.

Plutôt que d'essayer immédiatement de vendre mon idée, je concentrai mon attention sur l'identification des émotions dominantes dans la salle. Rapidement, je remarquai des indices évidents de mécontentement et d'exaspération. Au lieu de paniquer ou d'ignorer ces manifestations, j'ai décidé de reconnaître explicitement ces sentiments et de sympathiser avec eux. Par exemple, je déclarai : « Je sais que certains d'entre vous sont probablement frustrés par le fait d'être obligés d'assister à encore une autre présentation ». Une vague de murmures approuva mes dires, confirmant que j'avais effectivement touché juste.

Après avoir validé leurs ressentis, j'expliquai calmement que je comprenais parfaitement leurs objections et que j'allais tenter de dissiper leurs doutes en apportant des preuves concrètes et tangibles. Ainsi, j'abordai le cœur de mon propos en adoptant un ton empreint de compassion et d'empathie. Graduellement, les visages fermés s'adoucissaient, signe que mon message avait été entendu et accepté.

Grâce à cette expérience formatrice, j'ai appris l'impact considérable de l'intelligence émotionnelle dans la sphère de la communication. Reconnaître et valider les émotions des autres, puis adopter une attitude compatissante, constituaient des outils extrêmement puissants pour instaurer un dialogue constructif et fructueux. Dès lors, j'inclus systématiquement ces tactiques dans mes interventions publiques, aboutissant presque toujours à des consensus harmonieux et productifs.

Voyons ensemble comment appliquer concrètement l'utilisation de l'intelligence émotionnelle afin de convaincre éthiquement. Suivez ces quatre étapes simples et observez la transformation dans vos communications :

- **Identifiez les émotions :** Commencez par observer attentivement le langage corporel, les expressions faciales et les mots employés par votre auditoire. Prenez note des émotions dominantes telles que la joie, la colère, la surprise, la tristesse ou la peur. Plus vous serez habile à repérer ces indices, plus vous serez capable d'adapter votre discours et de connecter avec votre public.

- **Validez et sympathisez :** Après avoir identifié les émotions courantes, montrez que vous comprenez et acceptez ces sentiments. Vous pouvez dire des phrases comme « *Je comprends que vous puissiez vous sentir contrariés* » ou « *Je sais que cela peut paraître déroutant au premier abord* ». Valider et sympathiser avec les émotions des autres permettra de diminuer les barrières et de favoriser un environnement plus réceptif.

- **Adoptez une attitude compatissante :** Faites preuve d'empathie envers votre auditoire. Placez-vous dans leurs chaussures et imaginez ce qu'ils pourraient traverser. Montrez-vous patient et tolérant face aux opinions divergentes. Encouragez la participation active et encouragez les questions. En adoptant une attitude compatissante, vous installerez un climat de confiance et stimulerez l'engagement.

- **Apportez des preuves tangibles :** Soutenez vos affirmations avec des données probantes, des exemples concrets et des arguments irréfutables. Proposez des alternatives constructives et proposez des solutions innovantes. Gardez à l'esprit que la crédibilité et l'intégrité sont primordiales pour convaincre éthiquement. En offrant des éléments de preuve tangibles, vous consoliderez votre position et renforcerez la confiance de votre auditoire.

L'usage de l'intelligence émotionnelle pour convaincre éthiquement requiert une sensibilisation fine aux émotions des autres, associée à une dose appropriée de validation, de compassion et d'empathie. Adoptez ces attitudes et vous verrez rapidement des changements positifs dans vos interactions interpersonnelles. De plus, gardez à l'esprit que cette approche favorise avant tout l'honnêteté et l'intégrité, deux valeurs cardinales dans le monde de la communication.

Sous-chapitre 3.2 : Techniques pour pratiquer une écoute active qui transforme vos interactions

L'écoute active a véritablement changé ma perception des relations interpersonnelles. Plonger dans l'univers de cette forme d'écoute attentive fut une illumination pour moi ; elle offre des avantages considérables tant sur le plan professionnel que personnel. Par conséquent, je me suis mis à explorer différentes techniques permettant de perfectionner cette habileté cruciale. Ainsi, ci-dessous, je vous expose plusieurs tactiques éprouvées pour adopter une écoute active qui métamorphose vos interactions.

- **Concentrez votre attention entièrement sur l'interlocuteur**

Concentrer son attention entièrement sur l'interlocuteur revêt une importance capitale lorsqu'il s'agit d'instaurer une écoute active et efficiente. Dans notre société hyperconnectée, où les distractions sollicitent continuellement notre attention, accorder une écoute profonde à autrui représente un acte hautement symbolique et valorisant.

Voici quelques moyens simples mais néanmoins efficaces de centrer toute votre concentration sur votre interlocuteur.

- **Éliminez les sources de perturbations.**

Avant d'entamer une discussion importante, assurez-vous de minimiser les facteurs susceptibles de compromettre votre focus. Si possible, isolez-vous physiquement du tumulte environnant, fermez les applications inutiles sur votre téléphone portable, et veillez à ne pas être importuné pendant la conversation. Ces petits gestes manifesteront implicitement votre engagement et traduiront votre sérieux.

- **Adoptez une position appropriée.**

Positionnez-vous de sorte à faciliter l'interaction. Dirigez votre corps vers votre vis-à-vis, gardez un contact visuel soutenu, et adoptez une posture ouverte. Une telle configuration invite inconsciemment à la confidence et souligne votre intérêt pour le propos énoncé.

- **Bloquez mentalement tout jugement.**

Abstenez-vous instinctivement de porter des conclusions hâtives durant les premiers instants de l'échange. Gardez l'esprit vierge de stéréotypes, d'idées préconçues ou d'attentes particulières. Accueillez spontanément les informations telles qu'elles sont transmises, puis opérez progressivement un travail d'analyse et d'interprétation.

- **Exprimez verbalement votre implication.**

Manifestez vocalement votre participation en employant des expressions concises et encourageantes ("hum", "d'accord", "continue"). Ces affirmations ponctuent agréablement la conversation et encouragent votre interlocuteur à prolonger son exposé. Elles servent aussi de rappel utile concernant votre rôle primordial : celui d'être disponible et engagé dans l'écoute.

- **Activez vos sens intuitifs.**

Prenez garde aux indices non verbaux qui accompagnent généralement les dires. Interprétez les mimiques faciales, les mouvements corporels, les variations vocales, etc., qui complètent et bonifient le discours. Toutes ces composantes participent à la construction d'un sens global et complexe, difficilement perceptible via les seuls mots prononcés.

Par exemple, imaginez une situation où vous abordez un collaborateur pour obtenir des éclaircissements sur un projet en cours. Au lieu d'afficher une mine boudeuse derrière votre écran d'ordinateur, placez-vous près de lui, regardez-le droit dans les yeux, et concentrez-vous exclusivement sur son intervention. Vous verrez combien cet investissement affectif sera bénéfique pour la suite des événements!

Dépassez les barrières superficielles et goûtez aux joies d'une interaction profonde et enrichissante.

• **Adaptez une attitude empathique**

Adopter une attitude empathique représente un aspect capital de l'écoute active. Il s'agit de se connecter émotionnellement à son interlocuteur, de comprendre ses sentiments et de reconnaître la validité de son point de vue. Mais comment concrétiser cette notion abstraite ?

Voici quelques suggestions illustrées par des exemples.

- ○ **Accueillir favorablement les dires de son vis-à-vis :** Commencez par recevoir avec bienveillance les propos de l'autre. Au lieu d'être sur la défensive ou de critiquer immédiatement, optez pour l'accueil positif. Montrez-vous curieux et intéressé par ce qu'il a à dire.

Votre collègue critique votre dernière proposition commerciale sans une once de gêne. Au lieu de vous braquer et de justifier instantanément vos choix, dites : « Merci pour ton retour. Peux-tu m'expliquer ce qui te pose problème exactement ? »

- ○ **Accepter les opinions divergentes :** Accepter une opinion contraire n'implique pas nécessairement d'y adhérer. Il s'agit simplement de reconnaître le droit de l'autre à avoir une vision distincte de la situation.

Supposons que vous discutiez politique avec un ami et que vous ayez des avis opposés. Dites : « Je comprends que tu voies les choses autrement, et je respecte ta position même si elle diffère de la mienne ».

- ○ **Ressentir les émotions de l'interlocuteur :** Il importe de percevoir les émotions transmises implicitement durant l'échange. Essayez de les identifier et de les nommer mentalement. Cette compréhension fine intensifiera votre proximité affective.

Si un membre de votre famille paraît contrarié pendant une discussion, mentionnez calmement : « Te sens-tu contrarié par rapport à ce sujet ? Souhaites-tu en discuter davantage ? »

- **Considérer la perspective de l'autre :** Comprenez que la vision du monde de votre interlocuteur se base sur son passé et ses expériences particulières. Gardez toujours à l'esprit que sa perspective peut être très différente de la vôtre, et acceptez-la comme telle.

Dans le cadre d'un projet collaboratif, votre associé propose une solution diamétralement opposée à la vôtre. Dites : « Ton idée est intéressante. Compte tenu de ton background, je suppose que tu envisages ce challenge sous un angle particulier. Dis-moi en plus à ce sujet ».

Adopter une attitude empathique engendrera automatiquement un sentiment de connivence et de sympathie durable avec votre interlocuteur. Vous deviendrez une personne capable d'instaurer un climat de confiance et d'harmonie dans n'importe quelle interaction.

• **Posez des questions stimulantes**

Une question stimulante est un outil puissant qui peut intensifier un échange verbal et instaurer un niveau supérieur de collaboration. Ces requêtes incitent l'interlocuteur à creuser plus profondément dans ses pensées, à examiner ses hypothèses et à formuler des raisonnements sophistiqués. Elles représentent une porte d'entrée royale vers l'exploration commune de nouveaux horizons cognitifs.

Voici quelques catégories d'interrogations susceptibles de galvaniser vos dialogues :

- **Questions d'approfondissement** : Les questions d'approfondissement consistent à inviter l'interlocuteur à approfondir un aspect particulier de son exposé. On peut obtenir ces requêtes en reformulant certaines parties de ses affirmations et en sollicitant des compléments d'information. Par exemple :

Interlocuteur : « Notre projet risque d'accuser un retard important... »

Question : « Que signifie exactement ce retard ? Est-ce qu'il compromettra gravement notre calendrier global ? »

- **Questions orientées vers l'avenir** : Ces questions se concentrent sur les objectifs futurs et les actions envisagées. Elles inspirent l'optimisme et alimentent la motivation. Voici un exemple probant :

Interlocuteur : « ...J'ignore comment aborder ce nouveau challenge. »

Question : « Si tu disposais déjà des ressources nécessaires, quelle solution imaginerais-tu pour relever ce défi ? »

- **Questions illustratives** : Ces questions font appel à l'expérience personnelle de l'interlocuteur. Elles sollicitent des comparaisons, des métaphores ou encore des exemples tirés de la vie courante. Par exemple :

Interlocuteur : « *Ce logiciel est extrêmement complexe à apprivoiser.* »

Question : « *Peux-tu comparer ta première interaction avec ce programme à une autre situation où tu as été confronté(e) à une grande complexité ?* »

- **Questions alternatives :** Les questions alternatives offrent deux options opposées, obligeant l'interlocuteur à choisir l'une ou l'autre. Elles obligent à clarifier ses positions et facilitent la prise de décision. Illustrons cela par un cas concret :

Interlocuteur : « *Je reste indécis concernant notre prochain investissement.* »

Question : « *Souhaites-tu prioriser la rentabilité immédiate ou plutôt miser sur une croissance future ?* »

Poser des questions stimulantes représente un pilier majeur de l'écoute active et interactive. Au fil du temps, vous développerez un flair instinctif pour identifier les occasions propices à ces consultations enrichissantes. Vos conversations fleuriront et s'épanouiront sous le soleil radieux d'un engagement passionné et curieux.

• Validez les impressions de l'autre

Validez les sentiments et les impressions de l'autre est primordial pour instaurer la confiance et la compréhension pendant les conversations. Cette pratique garantit que vous comprenez bien leurs idées tout en démontrant de l'empathie et en renforçant les liens. En reformulant leurs affirmations en utilisant vos propres mots et en veillant à ce que les détails importants soient correctement représentés, vous validez efficacement les impressions de l'autre.

Voici quelques exemples supplémentaires pour illustrer ce concept :

Exemple 1 : Vous dialoguez avec un ami qui paraît frustré suite à une mésentente récente avec son conjoint. Vous pourriez recourir à la validation en disant :

« *Il y a eu un malentendu entre toi et ton partenaire. Cela a dû être difficile à gérer.* »

Dans cet exemple, vous reconnaissez leur état émotionnel et résumez brièvement la situation, donnant à votre interlocuteur l'impression d'être entendu et compris.

Exemple 2 : Durant une réunion, un collègue partage une idée qui n'est pas immédiatement claire. Validez son apport en posant des questions d'approfondissement et en reformulant sa déclaration :

« *Donc, si je comprends bien, tu proposes d'allouer plus de ressources au marketing ? Peux-tu m'expliquer comment exactement cela bénéficierait à notre projet ?* »

Cette approche démontre que vous vous souciez vraiment de ce qu'il a à dire et que vous souhaitez comprendre pleinement son point de vue avant de réagir.

Exemple 3 : Lorsque vous discutez des objectifs personnels avec un apprenant, il est important de montrer que vous reconnaissez ses ambitions et les défis associés. Dans ce cas, envisagez de valider ses émotions via ces commentaires :

« Tu as l'air très passionné par la poursuite de ta carrière de rêve, même si cela demande probablement plus d'efforts. Un tel niveau de détermination est motivant ! »

En reconnaissant simultanément leur enthousiasme et les difficultés potentielles, vous montrez un soutien et une admiration sincères pour leurs initiatives.

Il est important de souligner que valider les sentiments des autres ne consiste pas nécessairement à être d'accord avec tout ce qu'ils disent. Au contraire, cela implique de reconnaître leurs expériences et d'offrir des encouragements en démontrant que leurs sentiments comptent. Avec une pratique régulière, la validation devient une seconde nature, améliorant ainsi globalement votre capacité à communiquer activement et à nouer des relations significatives.

- **Respectez les silences opportuns**

Dans la pratique de l'écoute active, respecter les silences opportuns revêt une importance capitale. Ces instants de calme imprévus surgissent souvent pendant une conversation, et ils représentent des occasions uniques pour intensifier les liens et la compréhension mutuelle.

En adoptant la bonne attitude durant ces phases silencieuses, vous optimiserez l'harmonie des dialogues et empêcherez l'instauration d'une tension inconfortable.

Commençons tout d'abord par identifier les différents types de silence susceptibles d'émerger au cours d'une discussion :

- **Les silences réfléchis :** Ce type de pause traduit généralement une période de concentration intense. Votre interlocuteur analyse certaines données, médite sur les aspects complexes d'un concept ou reformule mentalement ses argumentations.

- **Les silences surprises :** Ils surviennent quand une information nouvelle et inattendue jaillit dans la conversation. Ces arrêts momentanés servent à absorber et traiter le caractère soudain d'une annonce.

- **Les silences embarrassants :** Souvent causés par une divergence d'opinions, une contradiction flagrante ou un sentiment de vulnérabilité, ces blancs peuvent engendrer un malaise palpable.

Quel que soit le genre de silence observé, veillez toujours à aborder ces périodes avec circonspection et délicatesse.

Voici quelques suggestions concrètes pour valoriser ces espaces vierges de paroles :

Prenez acte du silence

Reconnaissez implicitement l'existence de ces pauses et acceptez-les comme faisant partie intégrante de l'échange verbal. Manifestez votre acceptation en conservant une expression neutre et patiente, sans manifester d'agitation ni d'impatience.

Imaginez que votre interlocuteur reste silencieux pendant près de 10 secondes après avoir exposé un point sensible. Au lieu d'afficher des signes ostensibles d'exaspération, gardez votre calme et observez-le attentivement, curieux de connaître sa prochaine intervention.

Encouragez la libre circulation des pensées

Évitez de presser votre vis-à-vis à rompre brutalement le silence. Accordez-lui le loisir de digérer les dernières informations transmises et autorisez-lui à recourir à sa propre temporalité. Si nécessaire, opérez un retour sur les thèmes déjà abordés pour faciliter sa transition vers la suite du dialogue.

Supposons que vous ayez présenté un projet ambitieux contenant des innovations substantielles. Après lecture attentive, votre associé demeure silencieux, absorbé par la nouveauté des concepts avancés. Interrogez-le sur ses premières impressions et demandez-lui s'il requiert des éclaircissements supplémentaires.

Sollicitez des retours spontanés

Incitez indirectement votre homologue à formuler des commentaires impromptus, sans obligation aucune. Proposez-lui des alternatives simples telles que « *Que penses-tu de... ?* » *ou* « *Y a-t-il autre chose que tu souhaiterais mentionner ?* ». Ces invitations courtoises stimulent l'imagination et fluidifient la communication.

Visualisez une situation où vous proposez un itinéraire touristique inhabituel à un groupe d'amis. Certains participants gardent le silence, probablement intimidés par l'originalité de votre suggestion. Suscitez leurs avis en employant des expressions suggestives telles que « Auriez-vous des recommandations particulières ? ».

Ouvrez la porte à des divagations productives

Parfois, les silences involontaires aboutissent à des associations d'idées ingénieuses et improbables. Considérez ces occurrences comme des mines d'or inexploitées et exploitez-les pour enrichir la conversation. Tenez compte de ces intuitions fulgurantes et explorez-les ensemble, quitte à sortir temporairement du cadre initial.

Illustrons ce cas de figure à partir d'une consultation médicale concernant un trouble chronique. Face à un diagnostic mystérieux, le spécialiste consent à un instant de latence. Durant ce laps de temps, vous ébauchez collectivement des hypothèses hasardeuses, jusqu'à ce que surgisse miraculeusement une solution plausible.

Respecter les silences opportuns consiste à saisir ces fenêtres temporelles comme autant d'opportunités de solidifier les connections et d'approfondir la compréhension mutuelle. Traitez-les avec bienveillance, patience et curiosité, et vous transformerez ces fragments de vide apparent en pierres angulaires d'une interaction harmonieuse et constructive.

Si vous appliquez ces astuces avec constance, vous constaterez rapidement un changement radical quant à la qualité de vos communications. Vos discussions seront davantage marquées par la complicité, la coopération et la compréhension. Et surtout, vous deviendrez un être dont on appréciera la valeur intrinsèque, car vous saurez reconnaître l'humanité dans chacun de vos contacts.

Action à faire à la fin du chapitre 3

Après avoir abordé les deux premiers chapitres de **la méthode EPIIC**, consacrons-nous au troisième chapitre : *"Intégrez l'Intelligence émotionnelle"*. Voici cinq des actions concrètes à mettre en place :

1. *Prêtez attention à vos émotions : Prenez l'habitude de nommer et d'analyser vos émotions durant les conversations. Reconnaître vos sentiments vous permettra de comprendre leurs origines et d'adapter votre comportement en fonction. Par exemple, si vous ressentez de la colère, essayez de calmer vos pulsions avant de répondre.*

2. *Évaluez les émotions des autres : Observez attentivement les expressions faciales, les gestes et le ton de voix de votre interlocuteur pour identifier ses émotions. Une meilleure compréhension de ses sentiments facilitera l'instauration d'un climat de confiance et vous aidera à adapter votre message à ses besoins spécifiques.*

3. *Activez l'empathie : Essayez de vous mettre à la place de votre interlocuteur en visualisant mentalement sa perspective. Adoptez une attitude bienveillante et accueillez ses sentiments sans jugement. Cette démarche favorisera une connexion plus profonde et instaurera un cadre positif pour l'échange.*

4. *Gérez les conflits de manière constructive : Lorsque des divergences surviennent, identifiez les sources d'incompréhension et cherchez des terrains d'entente. Restez calme, posez des questions et reformulez les objections pour clarifier les points litigieux. Veillez à*

maintenir un dialogue ouvert et équitable, privilégiant ainsi la collaboration plutôt que la confrontation.

5. *Exprimez vos émotions honnêtement* : *Ne cachez pas vos sentiments derrière un masque impersonnel. Partagez vos émotions avec authenticité et assertivité. Assurez-vous néanmoins de doser adéquatement leur intensité et de veiller à ce que votre expression serve l'objectif global de la conversation.*

En appliquant ces cinq actions, vous développerez progressivement une intelligence émotionnelle robuste, essentielle pour fluidifier vos communications et bâtir des relations harmonieuses.

Chapitre 4 : Inspirez par la clarté

Sous-chapitre 4.1 : Organiser ses pensées clairement et renforcer votre message

Dans ce chapitre consacré à l'organisation de vos pensées et au renforcement de votre message, permettez-moi de partager avec vous certaines astuces essentielles afin de garantir une transmission optimale de vos idées. Lorsque nous parlons en public, il arrive souvent que notre cerveau fonctionne plus rapidement que nos lèvres, entraînant ainsi une confusion et un sentiment de chaos. Afin d'éviter une telle situation, il est impératif de disposer d'un plan solide avant même d'aborder le public.

Avant de plonger dans les rouages de l'organisation claire de vos pensées et du renforcement de votre message, permettez-moi de partager une anecdote particulièrement embarrassante.

Lors d'une présentation importante, j'avais négligé l'importance d'une structure adéquate et d'exemples concrets. Au lieu de cela, j'avais opté pour un flux verbeux et alambiqué, espérant inconsciemment impressionner mon auditoire grâce à un flot incessant de paroles creuses.

À ma grande stupéfaction, je vis progressivement leurs regards s'égarer tandis que certains sombraient dans un vague semi-endormi. Face à ce constat navrant, je redoublai d'efforts en articulant encore plus laborieusement et en multipliant les phrases absconses. Bien sûr, loin de remédier à la situation, cette attitude accentua le désarroi ambiant, provoquant un sentiment de frustration et d'impuissance difficilement concevable.

Après coup, je réalisai que mon erreur avait été magistrale : j'avais omis de considérer les attentes légitimes de mon auditoire et la nécessité d'adapter mon discours à leur niveau de compréhension. Fort heureusement, cette amère expérience m'offrit l'opportunité de comprendre l'importance capitale d'une organisation rigoureuse et d'une transmission cohérente de mes idées. Dorénavant, chaque mot prononcé serait pesé, chaque transition anticipée, et chaque exemple méticuleusement choisi, afin d'optimiser l'expérience collective et de maximiser l'impact de mon message.

Maintenant que je vous ai rapporté cette mésaventure cocasse, entrons ensemble dans le vif du sujet et explorons comment organiser vos pensées avec justesse et force pour captiver durablement votre auditoire.

- **Commencez par identifier l'objectif central de votre intervention**

Au commencement de la construction de votre discours, identifiez l'élément déclencheur qui a initié votre réflexion sur ce sujet donné. Interrogez-vous sur les raisons profondes qui motivent votre envie de prendre la parole publiquement.

Cherchez-vous à sensibiliser votre auditoire à une cause particulière ?

Souhaitez-vous provoquer une prise de conscience collective concernant une question socio-politique épineuse ?

Ou aspirez-vous *simplement à partager un savoir spécialisé dans le but d'instruire et d'informer ?*

Quel que soit votre objectif premier, clarifiez-le dès le départ afin d'asseoir fermement les bases de votre futur exposé.

Une fois que vous disposez de ce fil conducteur, concentrez-vous sur l'essentiel en dressant une liste exhaustive de tous les éléments dignes d'être mentionnés.

Classez méticuleusement ces points en fonction de leur importance respective et de leur contribution directe à l'amplification de votre message principal. Hiérarchisez les informations capitales, privilégiant celles qui apportent une valeur ajoutée substantielle à votre propos. Supprimez toutes les digressions superflues et circonscrivez rigoureusement le spectre thématique de votre intervention.

Par exemple, imaginons que vous ayez choisi de traiter la question environnementale urgente des océans pollués par le plastique. Face à une multitude de faits alarmants et d'initiatives engagées, il importe de prioriser certains aspects cruciaux, tels que les causes majeures de pollution marine, les impacts néfastes sur la faune aquatique et les actions concrètes que chacun peut mettre en place pour minimiser son empreinte plastique. Centrer votre attention sur ces trois points cardinaux solidifiera la cohérence de votre discours et maximisera son impact sur votre auditoire.

Après avoir organisé vos pensées selon une architecture logique et équilibrée, assurez-vous de ponctuer votre allocution d'exemples concrets et probants. Ces derniers serviront de preuve tangible à l'appui de vos affirmations et faciliteront la digestion cognitive des différentes notions complexes que vous aborderez. Adoptez une perspective narrative et relatez des anecdotes, telles que l'histoire poignante d'une tortue marine victime d'empoisonnement par ingestion de débris plastiques. De cette manière, vous humaniserez votre discours et stimulerez l'engagement affectif de votre assistance.

- **Structurez ensuite votre discours selon une logique imparable**

Structurer son discours selon une logique imparable revêt une importance capitale pour assurer une compréhension adéquate de votre message et maintenir l'engagement de votre auditoire. Pour y parvenir, commencez par diviser votre allocution en plusieurs parties bien distinctes, chacune traitant d'un élément particulier de votre propos. Ces différentes sections formeront ensemble un tout cohérent et harmonieux, similaire à un bel édifice architectural où chaque composante soutient et complète les autres.

Par exemple, supposons que vous prononcez un discours sur l'importance du recyclage dans notre société moderne. Vous pourriez organiser votre intervention en trois grandes parties :

- o **Constat environnemental actuel :** Commencez par exposer objectivement la situation alarmante de notre planète, notamment en mentionnant les statistiques relatives à la pollution et au gaspillage des ressources naturelles.

Transition : Maintenant que nous avons posé les bases de notre discussion en examinant la gravité de la situation, passons à l'élément crucial de notre intervention... le recyclage.

- o **Bénéfices et fonctionnement du recyclage :** Abordez les avantages considérables offerts par le recyclage, tant sur le plan écologique qu'économique. Illustrez les étapes du processus de recyclage et insistez sur son caractère accessible et rentable.

Transition : Au vu des multiples bienfaits du recyclage, il devient urgent de sensibiliser largement le public et d'encourager les bonnes pratiques.

- o **Incitation à l'action collective et individuelle :** Concluez en exhortant votre auditoire à adopter des habitudes responsables et vertueuses en matière de gestion des déchets. Proposez des alternatives concrètes et suggérez des moyens d'impliquer les autorités locales et les entreprises dans la promotion du recyclage.

Les transitions sont cruciales pour fluidifier la circulation entre les sections de votre discours et aider votre auditoire à suivre aisément votre raisonnement. Elles peuvent être formulées sous forme de questions rhétoriques, d'aphorismes, de citations ou encore de métaphores. Veillez néanmoins à ce qu'elles restent brèves et percutantes, sans empiéter excessivement sur le contenu substantiel de votre allocution.

Grâce à cette méthodologie rigoureuse, vous donnerez corps à un discours solide, captivant et limpide, capable d'enthousiasmer et de mobiliser votre auditoire en faveur de votre cause.

N'oubliez jamais que les exemples concrets constituent un outil redoutable pour illustrer vos dires. Ils favorisent l'ancrage mnésique et concrétisent des concepts abstraits. Par ailleurs, ils offrent aux membres de votre auditoire des repères familiers, leur permettant ainsi de mieux appréhender les nuances de votre argumentation. Prenez le temps nécessaire pour sélectionner minutieusement des cas pratiques représentatifs et pertinents.

Veillez toujours à conclure votre présentation de manière synthétique et marquante. Rappelez brièvement les points clefs et soulignez l'impact positif que votre message peut avoir sur la vie de vos auditeurs. Terminez sur une note encourageante et invitez-les à agir en faveur du changement. Après tout, un discours clair et incarné inspire et galvanise ceux qui l'écoutent, faisant naître en eux un désir irrépressible de participer activement à l'avènement d'un monde meilleur.

Sous-chapitre 4.2 : Maitriser l'art de l'improvisation pour rester fluide et réactif dans toutes les situations

Dans la quête de l'éloquence, il est crucial de dompter l'art de l'improvisation. Savoir rebondir et adapter ses propos aux circonstances imprévues permet de garder intacte notre force de persuasion et notre pouvoir de fascination. Ainsi, même quand les événements prennent une tournure inattendue, nous conservons notre fluidité et notre réactivité.

Lorsque j'ai entamé mon apprentissage de l'éloquence, l'improvisation représentait un véritable talon d'Achille pour moi. Tout changement impromptu dans le cours normal de mes allocutions provoquait un chaos total dans mon esprit, engendrant ainsi une cascade d'hésitations et de balbutiements. Mais loin de me résigner, j'ai investi énormément de temps et d'énergie afin de perfectionner cette habileté essentielle.

Ma formation passait notamment par des exercices consistant à dialoguer avec différents types de personnalités. Ces confrontations fictives me donnaient l'opportunité de composer instantanément avec leurs objections, leurs remarques acides ou encore leurs questions embarrassantes. Au fil des jours, j'apprenais progressivement à tempérer mes émotions, à clarifier mes idées et à reformuler mes phrases adéquatement.

J'ai aussi consacré d'innombrables heures à analyser des vidéos et des podcasts d'orateurs hors pair, observant attentivement leur agilité mentale et leur facilité à improviser. **De Steve Jobs à Martin Luther King Jr.**, ils possédaient tous ce talent rare de convertir l'adversité en opportunité, en usant de métaphores imagées et de traits d'humour appropriés. Ils avaient développé une intuition quasi surnaturelle quant aux réactions probables de leur assistance, anticipant et contrôlant magistralement les courbes du dialogue.

Grâce à ces entraînements intensifs et rigoureux, j'ai finalement été capable de franchir un seuil important dans mon périple oratoire. Désormais, je me sens suffisamment armé pour relever n'importe quel défi verbal, car je dispose d'une boîte à outils regorgeant d'astuces et de ressources variées.

Par exemple, *je recours fréquemment à des analogies concises pour illustrer mes points clés, tout en veillant à varier mon vocabulaire et mon rythme selon l'ambiance ambiante. Qui plus est, je tends toujours une oreille compatissante en direction de mes contradicteurs, faisant mine de considérer leur perspective avant d'y opposer fermement, mais respectueusement, la mienne.*

Improviser requiert une combinaison de préparation, de confiance en soi et d'aptitudes spécifiques. Voici quelques conseils pour vous aider à développer votre art de l'improvisation :

- Connaître son sujet : Avant de vous lancer dans une session d'improvisation, assurez-vous d'avoir une bonne compréhension globale du thème abordé. Une connaissance solide de la matière vous permettra de vous concentrer davantage sur la forme de votre intervention plutôt que sur le contenu.

- Anticipez et observez : Lorsque vous échangez avec autrui, essayez de repérer les indices verbaux et non verbaux qui annoncent un possible revirement de situation ou une question susceptible d'être posée. Prenez note des expressions faciales, des mouvements corporels et des modulations de la voix pour anticiper les intentions de votre interlocuteur.

- Structurez ses idées : Adopter une structure cohérente facilite l'expression spontanée. Vous pouvez par exemple employer la méthode **P.O.H.I.E.R.**, qui consiste à présenter votre Point de vue, à exposer une Objection, à Hiérarchiser les éléments en cause, à Illustrer vos dires par des exemples, à souligner l'Importance de votre argumentation et à conclure par une synthèse efficiente.

- Respirez et relaxez : Gardez votre calme en toutes circonstances. Des respirations profondes et régulières favorisent la concentration et la lucidité, tandis qu'une attitude zen inspire confiance et autorité.

- Gardez un vocabulaire varié : Renouveler constamment votre stock de mots et d'expressions vous aidera à rester inventif et original durant vos prestations improvisées. Familiarisez-vous avec les figures de style telles que les métaphores, les comparaisons, les hyperboles et les litotes.

- **Acceptez et valorisez les erreurs** : Comprenez qu'il est impossible de ne jamais commettre d'erreur en improvisant. Assumez vos ratages avec philosophie et tirez-en profit pour rebondir avec humour et légèreté. Transformez vos failles en forces et exploitez-les pour magnifier votre performance.

- **Pratiquer régulièrement** : Améliorer votre art de l'improvisation demande du temps et de la patience. Multipliez les occasions de vous entrainer – participation à des clubs de débat, animation de réunions, etc. Plus vous vous exercerez, meilleur vous deviendrez.

Gardez à l'esprit que l'objectif premier de l'improvisation est de créer une interaction harmonieuse et constructive. Ne sacrifiez jamais la richesse de votre relationnel sur l'autel de la virtuosité technique. Après tout, l'essence même de l'éloquence repose sur notre capacité à connecter avec autrui et à instaurer un climat empathique et collaboratif.

Action à faire à la fin du chapitre 4

Après avoir abordé les trois premiers chapitres de la méthode EPIIC, nous arrivons aujourd'hui au chapitre 4 : Inspirez par la clarté. Voici cinq actions concrètes que vous pouvez mettre en place immédiatement :

1. *Simplifiez votre vocabulaire* : Lorsque vous communiquez, veillez à employer un langage courant et familier. Limitez l'usage de termes complexes ou spécialisés, sauf si cela s'avère absolument nécessaire. Adoptez une attitude inclusive en facilitant la compréhension de vos interlocuteurs, quel que soit leur niveau de connaissance.

2. *Organisez vos pensées* : Avant de vous adresser à un auditoire, notez brièvement les points essentiels que vous souhaitez aborder. Structurez ensuite ces notes en un schéma logique, tel qu'une liste à puces ou un diagramme de cause à effet. De cette manière, vous garderez une vision globale de votre intervention et maintiendrez le fil conducteur de votre discours.

3. *Pratiquez l'analogie et la métaphore* : Ces figures de style permettent de traduire des concepts compliqués en images simples et parlantes. Elles constituent un excellent moyen de clarifier vos idées et de susciter l'intérêt de votre auditoire. Par exemple, imaginez comparer le fonctionnement d'un moteur à essence à celui d'un corps humain : plusieurs organes agissent en synergie pour aboutir à un objectif commun.

4. *Éliminez les phrases alambiquées* : Optez pour des structures grammaticales simples et directes. Évitez les tournures trop longues ou imbriquées, susceptibles de lasser votre public et de diluer votre message. Formulez

plutôt des phrases courtes et incisives, contenant un seul concept majeur.

5. *Reformulez et reformulez encore : Si vous constatez que certains passages de votre discours sont nébuleux ou difficiles à comprendre, n'hésitez pas à retravailler ces segments jusqu'à obtenir une version plus claire et plus attrayante. Sollicitez l'avis de vos pairs ou demandez-leur de jouer le rôle d'auditeurs test, afin de recueillir leurs impressions et suggestions d'amélioration.*

En appliquant ces astuces, vous poserez fermement les bases d'une communication lumineuse, capable d'atteindre et de toucher un large panel d'interlocuteurs.

Chapitre 5 : Construire la confiance

Sous-chapitre 5.1 : Astuces pour gérer l'anxiété et le trac, et parler avec confiance

Dans ce dernier chapitre **Construire la confiance (C) de la méthode EPIIC**, nous aborderons un aspect crucial de la construction de confiance en tant qu'orateur : *la gestion de l'anxiété et du trac*. Ces deux sensations sont fréquentes et normales avant de prendre la parole en public. Toutefois, lorsqu'elles prennent le dessus, elles peuvent sérieusement entraver notre performance et nuire à notre crédibilité. Heureusement, plusieurs astuces permettent de dompter ces sentiments envahissants et de retrouver une assurance solide.

Tout d'abord, familiarisons-nous avec les symptômes physiques associés à l'anxiété et au trac. Ils peuvent inclure une respiration superficielle, un rythme cardiaque accéléré, une sudation excessive, des nausées et même des vertiges. Une bonne conscience de ces manifestations constitue déjà un premier pas vers leur atténuation. Par exemple, concentrez-vous sur votre respiration, inspirez profondément pendant trois secondes, puis expirez calmement durant quatre secondes. Adoptez cette routine apaisante jusqu'à ressentir un soulagement notable.

Prêtez attention aux pensées parasites susceptibles de surgir juste avant votre intervention oratoire. Souvent, nous imaginons le pire scénario possible, alimentant ainsi notre nervosité. Au lieu de cela, visualisez-vous en train de livrer un discours brillant, remportez l'adhésion de votre auditoire et recevez des applaudissements enthousiastes. Gardez cette image mentale aussi longtemps que nécessaire afin d'instiller en vous une dose optimiste de confiance en vos talents de orateur.

Lorsque vous commencez à parler, focalisez-vous sur un visage sympathique au sein de votre assistance. Imaginez que vous vous adressez exclusivement à cette personne, ce qui facilitera votre mise en route et diminuera instantanément votre appréhension. Vous constaterez rapidement que les barrières artificielles s'estompent progressivement, favorisant une interaction plus harmonieuse avec l'ensemble de votre auditoire.

Si possible, anticipez certaines questions posées par vos auditeurs et élaborez des réponses appropriées. Non seulement cela vous permettra de paraître plus professionnel(le), mais également d'asseoir davantage votre autorité. De surcroît, avoir anticipé certains points cruciaux vous garantira une meilleure maîtrise de votre prestation globale.

N'oubliez jamais que la perfection n'existe pas en matière de communication. Acceptez vos imperfections et considérez-les comme des opportunités de croissance personnelle. Plutôt que de ruminer sur vos erreurs passées, concentrez-vous sur l'amélioration continue de vos performances futures. Avec patience, discipline et motivation, vous parviendrez à convertir vos failles actuelles en forces tangibles.

Gérez votre anxiété et votre trac en adoptant ces tactiques avisées et observez votre niveau de confiance grimper en flèche, synonyme d'un discours abouti et convainquant.

Sous-chapitre 5.2 : L'influence de la posture et de la gestuelle sur votre capacité à communiquer efficacement

Dans notre exploration continue de la construction de la confiance, permettez-moi de souligner l'impact crucial de la posture et de la gestuelle sur notre habileté à communiquer efficacement. Au fil des ans, j'ai constaté maintes fois combien ces aspects non verbaux sont essentiels pour instaurer une connexion solide avec notre auditoire.

Imaginez-vous debout, droit comme un i, les épaules en arrière, la poitrine bombée et le menton relevé. Vous occupez ainsi davantage d'espace, projetant instinctivement autorité et assurance. Adoptez, au contraire, une position avachie, les épaules courbées et la tête baissée, et vous risquez d'être perçu(e) comme timide, incertain(e) ou peu sûr(e) de vous. Ces simples variations posturales peuvent influer considérablement sur la perception que votre auditoire a de vous – et, partant, sur votre propre sentiment de confiance.

Parallèlement aux avantages évidents d'une bonne posture, la gestuelle joue également un rôle capital dans notre expression oratoire. Des mouvements adéquats des mains et des bras accompagnent harmonieusement nos paroles, leur apportant couleur et intensité. Ils facilitent la transmission de concepts abstraits et favorisent une meilleure compréhension globale de notre message. De même, employer un contact visuel soutenu inspire confiance et engagement, tandis qu'éviter le regard peut traduire un manque de conviction ou d'honnêteté.

Il importe toutefois de modérer nos expressions physiques afin d'éviter de tomber dans l'excès ou la caricature. Trop gesticuler peut distraire et lasser notre auditoire, tandis qu'adopter une attitude trop rigide peut donner l'impression d'un certain artificialité ou d'une raideur excessive.

Une gestuelle équilibrée et appropriée consiste à varier légèrement nos positions, en fonction du rythme de notre intervention et de l'intonation de notre voix.

La posture et la gestuelle constituent des éléments clés de notre boîte à outils communicationnels. Elles complètent utilement notre vocabulaire verbal, offrant une dimension supplémentaire à notre discours.

Veillez donc attentivement à votre port altier, à vos mouvements adroits et à votre eye-contact engageant pour maximiser votre impact oratoire et consolider la confiance dont vous faites preuve. Car, comme le dit l'adage, « *une image vaut mille mots* » et cela n'est jamais aussi vrai que lorsque nous prenons la parole en public.

Action à faire à la fin du chapitre 5

Voici cinq actions concrètes à appliquer immédiatement pour renforcer votre confiance :

1. *Préparation minutieuse : Avant toute intervention orale, accordez une attention particulière à votre préparation. Prenez le temps de recenser les points clefs, imaginez les questions susceptibles d'être posées et concevez des illustrations captivantes pour soutenir votre propos. Une organisation rigoureuse atténuera considérablement votre stress et augmentera sensiblement votre crédibilité.*

2. *Visualisation positive : Adoptez une attitude mentale constructive avant de vous adresser à un auditoire. Imaginez-vous en train de délivrer un discours brillamment abouti, recevant les acclamations d'un public comblé. Cette forme d'auto-persuasion boostera votre moral et imprimera en vous les attitudes et comportements associés à la réussite.*

3. *Respiration contrôlée : Lorsque le trac pointe le bout de son nez, optez pour des respirations diaphragmatiques profondes et régulières. Elles oxygèneront convenablement votre organisme, apaiseront votre esprit et fluidifieront votre énonciation. De surcroît, une respiration calibrée facilitera l'alignement de votre corps, de sorte que votre posture inspire davantage confiance et autorité.*

4. *Interactions positives : Créez des occasions d'engager la conversation avec des individus variés, notamment ceux dont vous ignorez tout. Ces interactions spontanées muscleront votre assertivité, votre capacité*

d'adaptation et votre talent pour rebondir habilement. Par ailleurs, le sentiment d'appartenance ainsi cultivé constitue un terreau fertile pour édifier la sympathie et l'empathie deux ingrédients majeurs de la confiance en soi.

5. *Exercice de gratitude : Terminez chaque journée en dressant mentalement la liste des instants où vous vous êtes senti(e) fier(ère) de vous. Peu importe leur amplitude, ces victoires personnelles constituent autant de pierres angulaires pour édifier votre confiance intrinsèque. D'ailleurs, en soulignant vos forces, vous consoliderez simultanément votre motivation à relever les défis futurs.*

Si vous intégrez ces astuces, vous observerez rapidement des changements substantiels quant à votre assurance et votre crédibilité.!

En explorant ensemble les différentes facettes de la Méthode EPIIC, nous avons progressivement posé les fondements d'une communication éloquente et affirmée. Du perfectionnement de notre élocution à la maîtrise de l'intelligence émotionnelle, en passant par la consolidation de notre confiance en nous, nous disposons désormais d'une véritable panoplie d'aptitudes destinées à optimiser notre impact oratoire.

Nous avons appris à ourdir des discours percutants, empreints d'arguments convaincants et agrémentés d'histoires enrichissantes. Nous avons également reconnu l'importance de cultiver une écoute active, susceptible de métamorphoser nos interactions et de fluidifier nos relations. Par ailleurs, nous avons été sensibilisés à la nécessité de clarifier notre message, de l'organiser logiquement et de recourir à un vocabulaire précis pour garantir une compréhension universelle.

Plus encore, nous avons compris comment édifier une base solide de confiance, en adoptant une posture affirmée, une gestuelle nuancée et un eye-contact engagé. Autant d'éléments cruciaux pour convaincre notre auditoire et assoir notre crédibilité.

Forts de ces nouvelles connaissances, il est temps à présent de franchir une nouvelle étape : mettre concrètement en application la Méthode EPIIC dans notre vie quotidienne. Que ce soit au travail, en famille, entre amis ou lors de rencontres impromptues, chaque occasion sera propice à l'exercice de ces talents fraîchement acquis.

Bref, il ne tient qu'à vous de hisser votre communication au rang d'arme puissante et transformatrice. Ainsi armés, vous serez à même de changer le cours de vos conversations, d'influer sur les opinions et, ultimement, d'atteindre vos objectifs professionnels et personnels.

Alors, osez désormais user sans complexe des ressources de la Méthode EPIIC, pour rayonner dans l'univers du relationnel !

Partie II : Mise en pratique de la méthode EPIIC au quotidien

Chapitre 6 : Engagez et maintenir l'attention

Sous-chapitre 6.1 : Techniques pour captiver et maintenir l'attention de votre public du début à la fin

Dans notre quête constante d'amélioration de notre art oratoire, apprendre à captiver et à maintenir l'attention de notre public représente un objectif crucial. Après tout, quel intérêt existe-t-il à posséder une éloquence remarquable si c'est pour perdre rapidement l'engagement de notre assistance ? Afin de tirer profit des avantages offerts par la Méthode EPIIC, examinons ensemble plusieurs astuces éprouvées destinées à garantir l'intérêt soutenu de votre auditoire.

- **Commencez par une introduction frappante**

Lorsque vous commencez à parler en public, il est primordial de capter l'attention de votre auditoire dès le début. Une entrée en matière frappante, drôle ou intrigante donne le ton à votre allocution, donnant envie à votre public de vous écouter attentivement. Voici quelques exemples concrets pour vous aider à commencer votre discours sur une bonne note :

- Poser une question provocante : *"Avez-vous déjà ressenti ce sentiment d'être coincé dans une situation professionnelle qui ne vous satisfait pas pleinement ? Que feriez-vous pour changer cela ?"* Cette tactique fonctionne bien, car elle invite votre public à réfléchir et à participer mentalement à la conversation.

- Partager une statistique étonnante : *"Didacticiels vidéo représentent actuellement 75 % du total du trafic Internet mondial. Savez-vous comment exploiter ce phénomène pour développer votre activité ?"* Des chiffres intéressants peuvent susciter l'intérêt et inciter les gens à en apprendre davantage.

- Entamer une courte histoire passionnante : *"Il y a deux ans, je faisais face à une période difficile dans ma vie personnelle..."* Une anecdote personnelle peut humaniser votre discours et créer un lien immédiat avec votre public. Gardez-la courte et pertinente pour garder l'attention.

- Oser une déclaration osée : *"Notre industrie traverse une crise majeure, et la plupart d'entre nous refusons de l'admettre."* Affirmations controversées ou courageuses peuvent secouer votre public et les motiver à continuer d'écouter pour comprendre votre point de vue.

Combinées avec une voix claire et une expression juste, ces techniques peuvent être très efficaces pour capter et maintenir l'attention de votre public. N'ayez pas peur d'expérimenter différentes approches jusqu'à trouver celle qui correspond le mieux à votre style et votre message. Souvenez-vous toujours que l'objectif premier est d'installer une atmosphère engageante et dynamique, tout en suscitant la curiosité et l'intérêt de votre auditoire.

- **Adoptez un rythme approprié**

Quand vous parlez en public, il est capital de veiller à l'équilibre du rythme adopté. Un excès de lenteur risque de lasser votre auditoire tandis qu'un débit excessivement rapide peut les noyer sous un torrent de paroles difficiles à absorber. *Dès lors, comment identifier puis adapter le bon tempo ?* Suivez attentivement ces recommandations, complétées d'exemples instructifs, pour maximiser l'impact de votre expression orale.

- o Alterner les phases calmes et actives : Une variation subtile de rythme participe activement à l'adhésion de votre assistanat. Optez pour des sections modérées, octroyant à vos auditeurs le loisir de ruminer vos affirmations, et alternez avec des segments plus mouvementés, soulignant notamment l'urgence d'arguments spécifiques. Ces contrastes rythmiques engendreront une dynamique attrayante, accentuant conséquemment l'intérêt porté à votre discours.

Exemple : Supposez que vous exposiez les effets néfastes d'un produit chimique donné.

Passage apaisé : « *Notre corps fonctionne merveilleusement bien, composé de différents organes et systèmes interactifs* ». (*Permet à votre audience de comprendre le fonctionnement global du corps.*)

Passage animé : « *Or, imaginez les ramifications catastrophiques si ce produit venait polluer nos ressources vitales...* ». *(Incite à visualiser les conséquences alarmantes.)*

- o Moduler la tonalité : Jonglez ingénieusement avec les tons employés pour colorer votre allocution de nuances variées et captivantes. Employez des notes basses et sourdes pour symboliser la gravité, usez de tons haut perchés pour traduire l'excitation et privilégiez des tons neutres quand la situation l'exige. Combinée aux fluctuations de rythme, cette flexibilité vocale amplifiera sensiblement l'expressivité globale de votre performance.

Exemple : Imaginons que vous rapportiez un incident édifiant.

"Hier soir, tard, j'ai été témoin d'un phénomène incroyable...", (intonation interrogative)

"Étendant les bras, j'observais l'horizon illuminé", (ton admiratif)

"Quand, soudain, une boule lumineuse fila droit vers moi!", (intonation dramatique)

- o Maîtriser les pauses et silences : Les blancs opportuns et réfléchis servent à valoriser certaines phrases, à créer de la tension et à faciliter l'ingestion des contenus complexes. Ils offrent pareillement à votre auditoire la latitude nécessaire pour emboîter le pas à vos raisonnements et digérer progressivement vos propos. Quant aux silences prolongés, ils représentent un outil puissant pour souligner l'importance capitale d'un concept ou d'un moment déterminant.

Exemple : Admettons que vous exploriez un tournant majeur dans votre existence professionnelle.

"Après mûre réflexion,", (pause)

"J'ai décidé de changer radicalement de direction.", (silence)

"Non sans appréhension, je me lance désormais dans une activité totalement nouvelle...", (pause)

- Augmenter graduellement l'intensité : La construction progressive d'un climax trouve un écho probant dans la locution oratoire. Augmentez graduellement l'intensité de votre discours jusqu'à atteindre un pic émotionnel, aboutissant généralement à une phrase décisive. Cette ascension contrôlée générera un sentiment d'accroissement irrépressible, galvanisant votre assistance et renforçant substantiellement l'impact de vos assertions.

Exemple : Imaginez que vous haranguiez une foule en faveur d'une cause humanitaire.

"Des femmes, des hommes et des enfants endurent chaque jour souffrances indicibles et privations extrêmes...", (modéré)

"Notre silence devient complicité, notre indifférence, condamnation ! ", (animé)

"Il est plus qu'urgent d'agir, il est vital de porter secours !", (fort)

L'adoption d'un rythme convenable repose sur une combinaison harmonieuse d'éléments distincts, incluant variations de cadence, tonalités multiples, pauses stratégiques et escalades progressives. Grâce à ces leviers avisés, vous parviendrez sans coup férir à retenir l'attention de votre public, fluidifiant simultanément la transmission de vos messages cruciaux.

- **Favorisez l'interactivité**

Il est important de créer un environnement interactif et engageant pour garder notre auditoire attentif et investi. Encourager la participation du public et valoriser leurs contributions constitue une excellente manière de consolider le lien qui nous unit et de les inciter à s'impliquer davantage dans notre discours. Voici différentes façons de favoriser l'interactivité avec votre public :

    o **Demander questions / opinions** : Il s'agit probablement de la forme d'interactivité la plus courante et la moins intimidante. Au cours de votre allocution, invitez périodiquement votre auditoire à formuler des questions ou à donner leur avis sur le sujet abordé. Vous pouvez par exemple dire : *"Que pensez-vous de...?"*; *"Est-ce que cela résonne en vous ?"*; *"Y a-t-il quelqu'un qui a déjà vécu une situation similaire ?"* Ces interrogations suscitent non seulement la réflexion, mais elles encouragent également les membres du public à s'exprimer, renforçant ainsi leur sentiment d'appartenance à la discussion.

- **Organiser des activités de groupe** : Si la configuration de votre lieu de conférence le permet, organiser des petits groupes de travail au sein de votre auditoire peut être très bénéfique. Proposez des exercices ou des brainstormings courts centrés sur un aspect spécifique de votre sujet. Cette approche favorise non seulement les échanges entre participants, mais elle permet aussi de créer une atmosphère décontractée et collaborative. De retour en plénière, demandez à quelques représentants de chaque groupe de partager leurs conclusions, stimulant ainsi l'intérêt général et alimentant la conversation.

- **Animer des sessions de questions-réponses improvisées** : Les sessions de Q&R classiques programmées à la fin d'une présentation peuvent parfois aboutir à un bilan mitigé. Certains auditeurs ayant déjà décroché mentalement, ils ne seront guère motivés pour intervenir. Or, si vous proposez des moments d'échange spontané pendant votre discours, vous boosterez sensiblement la motivation du public à participer. Dites par exemple : "*J'aimerais prendre une minute pour recueillir vos impressions jusqu'à présent*"; "*Quelqu'un aimerait-il partager une expérience personnelle liée à ce thème ?*"

Profitez de ces opportunités pour rebondir sur les commentaires formulés et adapter votre discours en fonction des feedbacks obtenus.

- **Recourir à des outils numériques :** De nos jours, une multitude d'outils digitaux facilitent l'interaction entre les orateurs et leur public. Applications mobiles, plateformes web ou logiciels spécialisés permettent de collecter des votes, de lancer des débats, de partager des contenus multimédias et de visualiser des graphiques en temps réel. Selon le type d'événement, il peut être utile d'explorer ces ressources pour dynamiser votre intervention et offrir une expérience utilisateur innovante et interactive.

Imaginez que vous prononcez un discours sur l'environnement et que vous souhaitez éveiller les consciences quant à la nécessité de diminuer notre empreinte écologique. Après avoir expliqué les causes et conséquences du changement climatique, vous pouvez poser ces questions :

- *Que font actuellement certaines villes pour contrer ce phénomène ?*

- *Est-ce que vous seriez prêt(e) à modifier vos habitudes de transport pour réduire vos émissions de CO_2 ? Si oui, lesquelles ?*

- *Imaginez que vous soyez responsable politique, quelles mesures urgentes prendriez-vous pour freiner le réchauffement planétaire ?*

Ces demandes engagent directement votre public et les incitent à réfléchir sérieusement à l'impact de leurs actions individuelles et collectives sur l'avenir de notre planète. Ils se sentiront personnellement interpelés et seront plus enclins à adopter des comportements vertueux, même hors cadre de votre présentation.

Privilégier l'interactivité lors de vos prises de parole constitue une stratégie payante pour retenir l'attention de votre auditoire, combattre l'ennui et favoriser une meilleure absorption des informations diffusées.

En adoptant ces méthodes, vous transformerez vos discours en dialogues constructifs et fructueux, faisant ainsi de vous un orateur talentueux et apprécié.

- **Suscitez la surprise**

Lorsque l'on souhaite susciter la surprise chez son auditoire, on peut effectivement recourir à différentes tactiques. Ces dernières consistent généralement à casser les codes habituels et à explorer des chemins moins balisés, quitte à bousculer gentiment les conventions. Voici quelques exemples concrets pour donner vie à cette recommandation.

Changez occasionnellement de support visuel. Au lieu de toujours miser sur des slides PowerPoint classiques, n'ayez pas peur d'expérimenter d'autres formats. Des vidéos instructives, des graphiques interactifs, des images animées ou des cartoons humoristiques peuvent être employés à bon escient pour surprendre vos auditeurs et pimenter votre exposé. Attention néanmoins à adapter ces supports à la thématique abordée et à veiller à ce qu'ils servent bel et bien votre propos, sans jamais tomber dans la surenchère superficielle.

Optez pour des transitions originales. Plutôt que de vous contenter des transitions linéaires telles que *"passons maintenant à...", "abordons à présent..." ou "concernant ce point..."*, pourquoi ne pas innover en adoptant des tournures plus imaginatives ? Citons parmi d'autres exemples : *"parallèlement à cela...", "complétons ce panorama par...", "zoomons à présent sur...", "changeons radicalement d'angle et observons...", etc.* Ces formulations inhabituelles suscitent la curiosité, incitant implicitement vos auditeurs à anticiper la suite avec impatience.

Glissez des métaphores imagées. Comparer deux objets distincts via une analogie ingénieuse permettra de clarifier certaines notions complexes, facilitant ainsi la compréhension globale du discours. D'ailleurs, l'usage de comparaisons évocatrices tend à stimuler l'imagination des participants, faisant vibrer leur fibre créative.

Vous débattez de la notion de leadership : *"guider une équipe, c'est un peu comme diriger un orchestre symphonique, chaque instrumentiste ayant son rôle spécifique à jouer, nécessitant harmonie, synchronisation et justesse."*

Usez d'aphorismes percutants. Les citations célèbres, dictons populaires ou maximes universelles ont l'extraordinaire faculté de cristalliser l'essence d'une idée, la traduisant en une phrase lapidaire et mémorable. Insérer opportunément un tel concentré de sagacité dans votre intervention risque fort de secouer doucement vos auditeurs, titillant leur intellect et alimentant leur réflexion personnelle.

Considérons cet extrait emprunté à **Albert Einstein** : *"la folie, c'est de refaire continuellement la même chose et de s'attendre à un résultat différent."*

Susciter la surprise repose avant tout sur une intention affirmée d'explorer des horizons novateurs et d'oser des initiatives audacieuses. Varier les supports, privilégier des transitions inaccoutumées, user de métaphores colorées ou saupoudrer votre discours de sentences lumineuses représentent autant de ressources à exploiter pour ranimer l'étincelle d'intérêt chez vos auditeurs. Gardez à l'esprit que l'objectif ultime reste de produire un effet *waouh* salutaire, sans verser dans l'excès tape-à-l'œil.

- **Concluez brillamment**

Lorsque nous parvenons au terme de notre exposé, il devient primordial de boucler la boucle en apothéose, en gravant fermement notre dernière empreinte dans l'esprit de notre public. Effectivement, comment achever dignement une performance oratoire qui soit à la hauteur des attentes, tant pour nous-mêmes que pour nos interlocuteurs avides de sens et d'inspiration ? Décortiquons ensemble différentes formules magiques permettant de clore admirablement votre allocution, en veillant toujours à user d'un vocabulaire accessible et familier.

- **Synthétisez l'essentiel** : Recensez brièvement les points cardinaux ayant servi de fil conducteur à votre intervention. Procédez à une ultime mise en relief des aspects cruciaux, facilitant ainsi leur absorption globale et leur archivage mental. Illustrez l'objectif premier de votre discours, puis reliez-le aux conclusions majeures énoncées. Vous pouvez même comparer ou opposer deux idées antagonistes, soulignant ainsi leur complémentarité ou divergence. Cette synthèse concise et ingénieuse donnera corps à une vision d'ensemble unifiée, maximisant l'impact global de votre message.

Exemple : Au cours de cette causerie, nous avons exploré trois dimensions capitales relatives au changement climatique : les causes, les conséquences et les solutions envisagées. Nous avons identifié les sources dominantes de pollution atmosphérique, reconnu les impacts dramatiques sur notre environnement et notre santé, et finalement suggéré plusieurs initiatives novatrices pour endiguer cette catastrophe naissante.

- **Transmettez un appel à l'action** : Ne négligez jamais l'importance de mobiliser vos auditeurs, en leur inculquant le goût de la participation active. Incarnant l'aboutissement logique de votre raisonnement, invitez-les cordialement à engager des actions spécifiques, conformes aux valeurs et aux intentions cultivées durant votre intervention. Encouragez-les à diffuser vos recommandations, à adopter certaines attitudes ou comportements, ou encore à rejoindre des mouvements collectifs servant la cause commune.

Exemple : Face aux multiples défis socio-environnementaux actuels, il nous faut absolument repenser notre mode de vie, privilégiant sobriété et altruisme. Aussi, je vous exhorte instamment à calculer votre empreinte carbone personnelle, à diminuer drastiquement votre consommation de produits jetables, et à soutenir financièrement des associations locales militant pour un monde meilleur.

- **Glissez une touche finale légère et spirituelle :** Épicez votre conclusion d'une once de fantaisie, via une petite blague, une maxime célèbre, une anecdote personnelle ou un aphorisme lumineux, participera à dissoudre la tension accumulée pendant votre allocution. Cette respiration salvatrice, loin de minimiser votre propos, amplifiera paradoxalement son rayonnement, en faisant vibrer l'accord secret unissant le sérieux et le joyeux.

Exemple : Avant de nous quitter, permettez-moi de vous rappeler cette belle sentence de Victor Hugo : « Rien n'est plus puissant qu'une idée dont l'heure est venue ». Espérons que notre rencontre d'aujourd'hui aura contribué, à sa modeste échelle, à accélérer l'avènement d'un monde plus juste et harmonieux. Merci infiniment pour votre aimable attention !

Maîtriser l'art de conclure admirablement ses interventions publiques suppose de combiner plusieurs facteurs clés : synthèse rigoureuse, motivation tangible à l'action, touche personnalisée et grain de folie. Combinés avec talent, ces ingrédients secrets garantissent un aboutissement mémorable, digne d'être relayé et salué par vos pairs. Ne sous-estimez jamais le rôle crucial de vos fins de discours, et investissez-y le temps nécessaire pour porter haut et fier le fruit de vos efforts laborieux.

Dompter l'art de capter et de maintenir l'attention de votre auditoire requiert patience, engagement et application diligente.

Sous-chapitre 6.2 : Stratégies pour encourager et gérer l'interaction avec votre audience

Encourager et gérer l'interaction avec votre audience sont des éléments cruciaux pour garder leur attention et les engager dans votre discours. Lorsque vous donnez une présentation ou animez une discussion, les spectateurs apprécient avoir l'opportunité de participer et de partager leurs opinions.

Voici quelques stratégies pour favoriser et contrôler les échanges avec votre public.

Posez des questions ouvertes : Plutôt que de poser des questions auxquelles on ne peut répondre que par oui ou par non, optez pour des interrogations stimulantes qui invitent les membres de votre audience à s'exprimer davantage. Par exemple, demandez-leur de partager une expérience personnelle ou de formuler des suggestions relatives au sujet abordé. De cette manière, vous encouragerez non seulement la participation, mais aussi la réflexion critique.

Sollicitez des exemples et des anecdotes : Encouragez votre public à illustrer vos points de discussion en utilisant des exemples tirés de leur vie personnelle ou professionnelle. Non seulement cela permettra de varier les sources d'information, mais cela valorisera également les participants en reconnaissant leur contribution. Qui plus est, entendre des histoires concrètes facilitera la compréhension et la mémorisation des concepts clés.

Adoptez une attitude réceptive et bienveillante: Lorsque vous recevez des commentaires ou des questions de la part de votre audience, adressez-vous à chaque intervenant avec courtoisie et considération. Montrez-vous attentif, encourageant et patient, même si vous faites face à des remarques divergentes ou critiques.

Vos réactions positives inciteront les autres à s'engager à leur tour, créant ainsi une atmosphère constructive et collaborative.

Gérez les digressions et les hors-sujets : Bien qu'il soit important d'encourager l'interaction, il est toutefois nécessaire de veiller à ce que la conversation reste centrée sur le thème principal. Si un participant s'écarte trop du sujet, reformulez gentiment sa question ou son intervention en la replaçant dans le contexte approprié. Ainsi, vous maintiendrez l'attention collective sur les objectifs de votre présentation.

Favorisez l'alternance entre les locuteurs : Assurez-vous que différents membres de votre audience prennent la parole afin de garantir une représentativité équitable. Invitez les timides à s'exprimer et modérez les contributions excessives de certains participants. Veillez à instaurer un climat de respect mutuel où chacun se sent libre de participer sans crainte d'être jugé ou ignoré.

En appliquant ces stratégies, vous parviendrez à fluidifier les interactions avec votre audience et à créer un environnement dynamique et interactif. Gardez toujours à l'esprit que le véritable engagement repose sur un dialogue ouvert et honnête, où chaque individu se sent valorisé et motivé à contribuer.

Action à faire à la fin du chapitre 6

Dans ce chapitre consacré à l'engagement et au maintien de l'attention, je vous propose cinq actions concrètes pour optimiser vos présentations et captiver votre auditoire. Ces astuces puisent leur force dans l'expérience accumulée en tant qu'expert en communication, mais aussi dans les retours positifs obtenus auprès de centaines de participants ayant assisté à mes séances de formation.

1. *Commencez par une accroche intrigante. Attirez immédiatement l'attention de votre auditoire en utilisant une anecdote personnelle, une statistique frappante ou encore une citation célèbre. Suscitez ainsi la curiosité de vos spectateurs et invitez-les à embarquer dans votre univers.*

2. *Adoptez un rythme soutenu et varié. Veillez à équilibrer les phases de monologue, les questions posées à l'assemblée et les pauses appropriées, offrant ainsi respiration et digestion mentales. De cette manière, vous créerez un flux harmonieux, alternant habilement concentration et relaxation.*

3. *Établissez un contact visuel régulier. Regarder directement les membres de votre auditoire construit un pont solide entre vous et eux. Ils se sentiront davantage concernés par vos dires et considérés en tant qu'individus, ce qui amplifiera leur engagement global.*

4. *Incorporez des exemples concrets et illustratifs. Traduire vos concepts abstraits en images tangibles facilitera la compréhension et la mémorisation de votre message. Par ailleurs, recourir à des analogies pertinentes augmentera l'impact de vos propos et marquera durablement les esprits.*

5. *Insufflez de l'humour et de la spontanéité. Une touche d'ironie bien placée ou une blague légère adouciront votre intervention, apportant gaieté et sympathie. Ne négligez pas non plus les imprévus susceptibles de surgir pendant votre prestation; ils constituent des occasions privilégiées de démontrer votre flexibilité et votre sens de l'adaptation.*

Si vous appliquez ces recommandations avec conviction et authenticité, vous observerez rapidement une nette amélioration quant à l'engagement et l'enthousiasme manifestés par votre auditoire. Bonne chance dans cette noble mission de communication, et merci de m'accorder votre attention !

Chapitre 7 : Maîtrisez le storytelling

Sous-chapitre 7.1 : Apprenez à utiliser le storytelling pour rendre vos messages mémorables

Dans ce chapitre consacré au Storytelling, je vais vous apprendre comment transformer vos messages en véritables histoires engageantes et mémorables. Après tout, ne dit-on pas qu'« *on n'apprend jamais aussi bien qu'avec une bonne histoire* » ? En tant qu'expert en narration, je crois fermement aux pouvoirs du storytelling pour marquer les esprits et favoriser une meilleure compréhension des concepts.

Alors, comment fait-on pour intégrer le storytelling ou l'art de raconter une histoire dans notre communication quotidienne ?
Tout d'abord, gardez à l'esprit que chaque histoire comporte trois éléments essentiels : un protagoniste, un objectif et un obstacle. Ces composantes sont cruciales pour donner vie à votre message et permettre à votre audience de s'y identifier et de s'engager émotionnellement.

- **Commencez par introduire un personnage principal attachant et identifiable, puis exposez clairement son ambition ou son désir**

Lorsque vous commencez à concevoir votre histoire pour servir un objectif spécifique, prenez le temps d'élaborer un personnage principal dont le parcours sera à la fois captivant et instructif. Commençons par examiner les différentes étapes pour créer un protagoniste attrayant et reconnaissable.

Étape 1 : Créez un personnage principal sympathique

Votre personnage principal doit posséder certaines qualités qui suscitent immédiatement l'empathie et l'identification du public. Vous pouvez y parvenir en attribuant des traits de caractère universels, tels que la gentillesse, la compassion, la curiosité ou encore le courage. Par exemple, dans notre formation sur la productivité, Marie serait décrite comme une employée attentionnée et travailleuse, aimée de ses collègues et investie dans sa mission professionnelle.

Étape 2 : Clarifiez l'ambition ou le désir du protagoniste

Une fois que vous avez créé un personnage principal charmant, il est important de clarifier son ambition ou son désir le plus profond. Celui-ci constituera le fil conducteur de votre histoire et guidera le protagoniste dans son périple. Revenons à notre exemple : Marie souhaite fermement obtenir la promotion de responsable d'équipe afin de mettre en valeur ses talents organisationnels et leadership. Son désir est légitime et louable, ce qui la rend instantanément digne de soutien et d'encouragement de la part du public.

Étape 3 : Identifiez un défi majeur à surmonter

Maintenant que vous avez posé les bases solides d'un personnage principal ambitieux, il est temps d'introduire un défi majeur susceptible de contrarier ses plans. Ce défi doit représenter un obstacle suffisamment difficile à franchir pour garder le public en haleine et intrigué. Dans notre cas, Marie doit composer avec deux problèmes : la procrastination et les priorités mal placées. Ces embûches entravent sérieusement ses performances professionnelles et risquent de compromettre ses chances d'obtenir la promotion espérée.

Examinons maintenant comment combiner ces éléments dans une courte introduction qui va tenir votre interlocuteur ou lecteur en haleine :

Marie, une employée modèle adorée de ses collègues, caresse depuis longtemps le rêve de diriger sa propre équipe. Sa passion pour l'organisation et son sens inné du leadership font d'elle la candidate idéale pour le poste de responsable. Mais derrière cette image de perfection se cachent ses luttes incessantes contre la procrastination et les priorités mal placées.

Grâce à cette mise en situation concrète et imagée, vous avez jeté les bases d'une histoire captivante, capable d'immerger complètement votre public. Et n'oubliez pas que le storytelling constitue un outil extrêmement utile pour illustrer et enrichir vos messages, quels qu'ils soient. Prenez le temps d'affiner vos compétences narratives et servez-vous-en pour magnifier votre communication au quotidien !

L'utilisation de dialogues authentiques et de descriptions vivantes vous aidera à illustrer votre point central et à éviter le caractère abstrait de certains discours. De même, incorporer des rebondissements imprévus maintiendra l'intérêt de votre public et accentuera leur engagement émotionnel.

N'ayez pas peur d'exploiter les émotions positives telles que la joie, la surprise et l'admiration pour stimuler la motivation et l'empathie de votre audience. Gardez toujours à l'esprit que le storytelling consiste avant tout à connecter avec votre public sur un niveau profondément humain, en faisant appel à leurs ressentis et à leur imagination.

Apprendre à utiliser le storytelling dans votre communication constitue un outil formidable pour rendre vos messages plus attrayants, captivants et mémorables. Suivez ces simples directives, et vous verrez rapidement la différence dans l'impact de vos discours et présentations. Bonne chance, et souvenez-vous : *c'est en racontant de bonnes histoires que l'on devient un excellent orateur !*

Sous-chapitre 7.2 : Techniques pour établir une connexion émotionnelle forte à travers vos histoires

Dans ce Sous-chapitre passionnant, nous aborderons un aspect crucial du storytelling : *comment établir une connexion émotionnelle solide avec votre public* ? Après tout, c'est l'essence même de la narration captivante, provoquer une réaction viscérale et vibrante chez votre auditoire.

Alors, installez-vous confortablement et laissez-moi vous guider à travers plusieurs techniques éprouvées pour stimuler et intensifier ces fameux fils invisibles qui relient les codeurs.

- **Soyez vulnérable et honnête :** L'honnêteté crève-cœur permet aux gens de s'identifier à vous et à votre histoire. Lorsque vous exposez vos failles, vos forces et vos incertitudes, vous donnez à votre public la permission de ressentir leurs propres émotions, ainsi qu'une occasion de nouer des liens empathiques. Ne cachez jamais derrière un masque artificiel de perfection. Au contraire, assumez votre humanité et offrez-la généreusement à votre auditoire.

- **Créez des personnages complexes et nuancés :** Les individus multidimensionnels sont plus susceptibles de déclencher des émotions variées et riches. Par conséquent, évitez les stéréotypes simplistes et explorez plutôt les contradictions internes, les motivations obscures et les aspérités attachantes de vos protagonistes. Ces caractéristiques favoriseront l'identification et faciliteront l'empathie, garantissant ainsi une connexion émotionnelle durable.

- **Tissez des descriptions sensorielles immersives :** N'hésitez pas à recourir à des métaphores et comparaisons colorées pour illustrer les odeurs, sons, textures et saveurs qui entourent vos personnages. Une ambiance sensorielle riche invite instinctivement le public à participer à l'expérience, augmentant ainsi leur engagement affectif et intellectuel.

- **Stimulez les passions et valeurs universelles :** Identifiez les éléments fédérateurs de votre intrigue et exploitez-les adroitement afin de mobiliser les émotions primaires telles que l'amour, la colère, la joie, la surprise et la tristesse. Visez haut et large en incluant des symboles accessibles à tous et des archétypes familiers. De cette façon, vous maximiserez l'impact émotionnel de votre récit.

- **Orchestrer des moments de tension dramatique et climax :** Une montée graduelle de la pression narrative, agrémentée de rebondissements habilement placés, maintient le niveau d'adrénaline de votre auditoire et solidifie votre connexion émotionnelle. Ainsi, alternez astucieusement phases calmes et tempêtes, jusqu'à atteindre un sommet culminant qui laissera vos spectateurs pantelants et reconnaissants.

En appliquant ces techniques avisées, vous réussirez à tisser une toile émotionnelle robuste, capable de supporter le poids d'histoires captivantes et marquantes. Et, par extension, vous consoliderez votre rôle d'orfèvre du storytelling, investi d'une mission sacrée : *illuminer les vies et bercer les âmes grâce à la magie de la narration.*

Action à faire à la fin du chapitre 7

Après avoir lu ce chapitre, vous disposerez des clefs nécessaires pour transformer vos messages en récits captivants et marquants. Voici cinq actions concrètes à appliquer suite à votre lecture :

1. *Identifiez l'objectif de votre histoire : Avant de vous lancer dans la construction de votre récit, demandez-vous quel message vous souhaitez diffuser et comment vous envisagez de l'ancrer dans l'esprit de votre auditoire. Veillez à ce que votre objectif reste central durant le processus de création.*

2. *Construisez un schéma narratif classique : Suivez la recette traditionnelle d'une intrigue bien ficelée, incluant une introduction, un développement, un climax ainsi qu'une résolution. De cette façon, vous guiderez habilement votre public à travers votre récit en leur offrant un cadre familier et engageant.*

3. *Personnalisez vos personnages : Donnez corps à vos protagonistes en soulignant leurs forces, faiblesses, motivations et ambitions. Ces traits caractéristiques aideront votre auditoire à s'identifier à vos personnages et faciliteront l'empathie vis-à-vis de votre histoire.*

4. *Incorporez des descriptions immersives : Faites appel à vos sens en décrivant les lieux, atmosphères et objets de votre récit. Des images riches et tangibles intensifieront l'expérience sensorielle de votre auditoire, les immergeant davantage dans votre univers narratif.*

5. *Pratiquez régulièrement : Prenez l'habitude de collecter et de partager des histoires courtes au sein de différents contextes conversationnels. Plus vous exercerez votre*

talent, plus vous consoliderez votre aisance et votre agilité en tant que conteur. Ne négligez pas non plus les retours constructifs de vos pairs, ils constitueront un excellent moyen d'affiner vos compétences narratives.

Bonne chance dans votre parcours du storytelling, et n'oubliez pas que chaque grande histoire commence par une petite initiative !

Chapitre 8 : Négociation et diplomatie

Sous-chapitre 8.1 : Les clés pour négocier de manière efficace et persuasive

Dans notre vie professionnelle et personnelle, nous sommes fréquemment confrontés à des situations nécessitant une certaine forme de négociation. Que ce soit pour obtenir une augmentation salariale, conclure un marché lucratif ou même arranger un différend familial, posséder des compétences solides en négociation constitue un avantage considérable. Ainsi, permettez-moi de vous offrir les clés essentielles afin de négocier de manière efficiente et persuasive, tirées directement de mon guide ultime de la méthode EPIIC.

Commençons tout d'abord par comprendre que la négociation repose sur quatre piliers fondamentaux : *la préparation, l'écoute active, la flexibilité et la construction mutuellement bénéfique.* Ignorer l'un de ces éléments risquerait de compromettre votre capacité à aboutir à un accord fructueux.

- **Préparation**

La phase de préparation représente un aspect crucial de la négociation réussie. Imaginez-vous partir en exploration sans cartographie ni provisions adéquates; vos chances de survie seraient minimes. De même, entamer une discussion formelle sans avoir préalablement recueilli suffisamment d'informations sur les intervenants et vos ambitions respectives diminuerait drastiquement vos probabilités de parvenir à un accord profitable. Voici donc des astuces pratiques pour optimiser votre approche préliminaire.

- **Collectez des données sur les acteurs clés :** Commencez par identifier les protagonistes majeurs de la négociation. Recueillez ensuite des renseignements sur leur identité, leur rôle, leurs antécédents, leurs motivations intrinsèques et extrinsèques, etc. Par exemple, supposez que vous négociez un contrat commercial avec une nouvelle société. Vous gagneriez à examiner attentivement leur historique entrepreneurial, leurs valeurs fondamentales, leurs réalisations passées, etc.

Ces connaissances vous permettraient d'ajuster votre discours en fonction de leurs centres d'intérêt et priorités, ce qui accroitrait substantiellement vos opportunités de collaboration fructueuse.

- **Définissez clairement vos objectifs :** Soyez spécifique et assertif concernant vos aspirations. Notez méticuleusement vos demandes, critères et exigences, puis classez-les hiérarchiquement selon leur importance respective.

Illustrons ce concept via un cas concret :

Vous souhaitez acquérir un véhicule automobile. Après avoir analysé minutieusement vos besoins, vous convenez que trois facteurs primordiaux guideront votre décision : le coût global, la consommation énergétique et le niveau de sécurité offert. Dès lors, vous savez exactement quels aspects prioriser au cours des transactions subséquentes.

- **Identifiez vos points d'ancrage :** Établissez fermement vos conditions irréductibles, représentant les bornes minimales acceptable en dessous desquelles vous refuseriez catégoriquement de descendre. Ces balises constituent des filets de sauvetage protecteurs empêchant toute exploitation abusive de votre bonne foi.

Reprenons notre illustration précédente :

Supposons que vous ayez fixé un budget maximal de 20 000 €, un kilométrage annuel moyen limité à 15 000 km et un score minimum de sécurité de 90 %. Si une proposition venait à violer l'un de ces paramètres, vous sauriez instinctivement opposer un refus poli mais ferme.

- **Anticipation des objections :** Essayez de prédire les objections potentielles que pourraient élever vos interlocuteurs. Ensuite, concevez des contre-arguments robustes appuyés par des faits tangibles et des preuves irréfutables. Cette anticipation avisée vous immuniserait contre les surprises désagréables et renforcerait votre posture argumentative.

Revenons à notre exemple :

Un vendeur argue que le modèle convoité ne dispose pas d'options high-tech telles qu'un assistant vocal intelligent. Vous pourriez répliquer calmement qu'en réalité, ces fonctions supplémentaires alourdiraient inconsidérément le tarif et compliqueraient inutilement l'usage quotidien, justifiant ainsi leur exclusion.

Une préparation exhaustive conditionne largement la suite des opérations. Investir du temps et des efforts à cet stade initial garantirait non seulement une issue heureuse, mais aussi une consolidation durable des relations interpersonnelles.

- **Écoute active**

Nous l'avons déjà vu dans les chapitres précédent, l'écoute active est très importante également dans la négociation. Accorder une attention soutenue à votre interlocuteur favorisera non seulement une meilleure compréhension de ses intentions, mais aussi instaurera un climat de confiance propice au dialogue constructif. Prenez note des indices verbaux et non verbaux, reformulez leurs propos pour éviter les malentendus et posez des questions ouvertes incitant à davantage de divulgation. Gardez toujours à l'esprit qu'une négociation couronnée de succès requiert deux oreilles attentives plutôt qu'une bouche agissante.

- **Flexibilité**

La souplesse est un élément clé dans le processus de négociation, car elle permet d'examiner diverses possibilités et encourage la collaboration. Contrairement aux idées reçues, être flexible ne signifie pas abandonner vos convictions ni sacrifier vos intérêts. Il s'agit plutôt d'adopter une attitude ouverte et adaptable face aux aléas inhérents à toute conversation.

Imaginez-vous participer à une négociation commerciale portant sur un contrat important. Vous avez fixé certaines priorités et demandé des conditions spécifiques, mais l'autre partie manifeste une réticence marquée à accepter certains termes.

Si vous campez sur vos positions initiales, vous risquez de rompre le fragile édifice de la discussion, entraînant ainsi un blocage irréversible. Par conséquent, il importe de reconnaître que des modifications mineures peuvent engendrer des retombées positives substantielles pour les deux camps.

Par exemple, supposons que vous ayez insisté sur un délai de paiement particulièrement court, tandis que l'acheteur préconise un calendrier moins strict. Face à son refus catégorique, vous pourriez proposer une solution alternative consistant à majorer légèrement le coût global du produit en compensation d'un délai de règlement prolongé. Cette option flexible satisferait probablement les impératifs financiers de votre organisation, tout en tenant compte des contraintes budgétaires du client.

De même, imaginez-vous en médiation dans un litige opposant deux membres d'une famille concernant un héritage contesté. Après avoir examiné attentivement les griefs respectifs, vous comprenez que chaque protagoniste accorde une importance primordiale à un objet symbolique appartenant au patrimoine familial. Plutôt que d'exacerber le contentieux en statuant exclusivement en faveur de l'un ou de l'autre, vous proposez une division astucieuse des biens, associant les objets emblématiques aux personnes qui leur sont attachées. En faisant montre de flexibilité, vous contribuez à apaiser les tensions latentes et à restaurer l'harmonie familiale.

L'aptitude à explorer divers chemins et à adapter ses positions initiales selon l'évolution du rapport de force est un pilier majeur de la négociation fructueuse. Soyez donc vigilant(e) à ne pas verrouiller vos paramètres dès le départ, car cette raideur nuirait gravement à votre capacité à parvenir à un consensus équitable. Souvenez-vous qu'être flexible équivaut à manifester de la compréhension, de la tolérance et de l'ingéniosité, caractéristiques hautement estimées dans le cadre de négociations complexes et multiformes.

- **Construction mutuellement bénéfique**

Abordons maintenant un aspect crucial de la négociation : la construction mutuellement bénéfique, autrement dit, la recherche d'accords qui optimisent les profits pour toutes les parties concernées. Comme mentionné précédemment, opter pour une perspective gagnant-gagnant favorise un environnement coopératif et durable, stimulant ainsi l'adhésion et l'engagement des protagonistes. Voyons comment mettre en application ce concept central en examinant quelques exemples éloquents.

Imaginez-vous en train de négocier un contrat commercial important avec un client potentiel. Traditionnellement, vous pourriez être tenté de fixer un tarif minimal, justifiant ainsi votre valeur ajoutée et maximisant votre marge bénéficiaire. Or, cette approche pourrait dissuader certains clients sensibles aux prix, provoquant ainsi une impasse néfaste pour les deux parties.

À titre alternatif, proposez plutôt différentes formules tarifaires modulables en fonction des demandes et priorités du client. Par exemple, vous pourriez offrir des rabais substantiels sur des volumes importants commandés simultanément, ou des services additionnels complémentaires sans frais supplémentaires. Ces arrangements flexibles satisferont les clients ayant des budgets limités, tout en conservant un niveau de revenus acceptable pour votre organisation.

Ou supposons que vous dirigez une petite entreprise spécialisée dans la production artisanale de produits alimentaires. Face à une augmentation fulgurante de la demande, vous faites face à une pénurie critique de main-d'œuvre qualifiée. Recruter et former du personnel représenterait un investissement conséquent en termes de temps et d'argent, difficilement compatible avec vos ressources actuelles.

Plutôt que de décliner poliment les nouvelles opportunités, envisagez plutôt de collaborer avec d'autres structures locales confrontées au même défi. Convenez d'un partenariat stratégique consistant à mutualiser vos effectifs respectifs, en organisant par exemple des rotations hebdomadaires entre vos équipes. Cette entente permettra non seulement de combler promptement vos besoins urgents, mais aussi d'offrir à vos employés des perspectives d'horizon professionnel enrichissant et varié.

Visualisons un cas typique de médiation familiale. Des membres de votre famille sont en désaccord concernant la distribution d'une succession héritée. Certains préconisent une division égalitaire entre tous les héritiers, tandis que d'autres argumentent en faveur d'allocations proportionnelles correspondant aux contributions financières historiques.

Face à ce dilemme, encouragez les protagonistes à explorer des issues innovantes et originales, telles que la conversion d'une fraction immobilière en un espace locatif exploitable collectivement, ou la constitution d'un portefeuille patrimonial regroupant les biens familiaux pour en assurer une gestion efficiente et équitable. Ces solutions ingénieuses, loin de reproduire les schémas traditionnels, favoriseront une répartition équitable et apaiseront les dissensions latentes.

Veiller continuellement à la construction d'arrangements mutuellement bénéfiques implique une dose appréciable de créativité, d'empathie et de flexibilité. Mais rassurez-vous, ces efforts consentis porteront largement leurs fruits, puisque vous consoliderez non seulement vos relations interpersonnelles, mais aussi votre réputation en tant qu'individu avisé et avisé, capable d'instaurer des rapports harmonieux et rentables dans divers domaines de votre vie.

Si vous appliquez rigoureusement ces principes cardinaux, vous observerez rapidement une amélioration notable dans vos habiletés transactionnelles.

Sous-chapitre 8.2 : Stratégies pour exprimer vos idées de manière diplomate et respectueuse

Dans le monde professionnel comme dans notre vie personnelle, il arrive fréquemment que nous ayons à exprimer nos opinions tout en tenant compte des sentiments et des points de vue d'autrui. Adopter une attitude diplomatique et respectueuse permet de favoriser l'harmonie, de construire des relations solides et de faciliter la résolution de conflits. Voyons ensemble certaines stratégies essentielles pour y parvenir.

- **Faites attention aux formulations employées**

Formuler ses idées avec soin représente un élément capital dans toute discussion visant à exprimer vos opinions tout en adoptant une attitude diplomatique et respectueuse. Conscients de l'impact des mots, veillez à bannir certains termes et expressions susceptibles de provoquer irritation ou confrontation. Privilégiez plutôt des alternatives nuancées et courtoises, qui fluidifieront vos conversations et favoriseront un terrain d'entente.

Commençons par examiner deux types de phrases particulièrement abrasifs : celles contenant des impératifs catégoriques et celles incluant des jugements absolus. Des expressions telles que « *vous devez* » ou « *c'est faux* » tendent à braquer l'interlocuteur et à fermer le dialogue.

Elles suggèrent implicitement que vous détenez la vérité ultime et que l'autre personne se trouve dans l'erreur. D'ailleurs, avouons-le : personne n'apprécie d'être placé sur la sellette ou contraint d'adhérer à un point de vue sans avoir été consulté.

Heureusement, il existe des alternatives conciliantes qui invitent à la collaboration et stimulent l'engagement. Optez pour des tournures plus douces, comme « *je crois que...* » ou « *serait-il possible de considérer... ?* ». Ces dernières manifestent votre intention de dialoguer ouvertement et honnêtement, sans heurt ni pression excessive. Bref, elles constituent un excellent moyen de démarrer une conversation constructive.

Veillez également à concentrer vos critiques sur des faits et des comportements spécifiques plutôt que sur la personnalité de votre interlocuteur. Par exemple, plutôt que d'affirmer brutalement « *vous êtes toujours en retard* », préférez une version plus édulcorée, centrée sur les conséquences tangibles : « *j'ai observé que les deadlines sont souvent repoussées en raison de retards* ». De cette façon, vous mettez l'emphase sur les actions et leurs impacts, minimisant ainsi le risque de blesser ou d'offenser.

Examinons un autre cas de figure. Vous désirez commenter le travail d'un collègue, dont vous jugez certaines parties perfectibles. Tournez-vous instinctivement vers des assertions abruptes, comme « *c'est incorrect* » *ou* « *vous n'avez pas saisi l'essence du briefing* » *? Si tel est le cas, essayez plutôt de contextualiser votre feedback et de recentrer la critique* *sur les aspects objectifs. Voici un exemple probant : « je pense que certains points mériteraient d'être clarifiés pour correspondre davantage aux guidelines mentionnées dans le document de référence ».*

Adopter des formules attentionnées et circonscrire ses observations aux éléments factuels revêt une importance capitale dans l'expression de vos idées. Comme le souligne l'aphorisme populaire, « *on attrape plus de mouches avec du miel qu'avec du vinaigre* ». Autrement dit, la gentillesse et la considération s'avèrent généralement plus payantes que l'hostilité et l'autoritarisme. Appliquez ces recommandations au quotidien et observez les changements positifs qui s'opéreront dans vos communications.

Certes, modifier sa façon de s'exprimer demande un effort conscient et soutenu. Mais avec de la pratique, ces nouvelles habitudes deviendront progressivement innées, transformant radicalement vos interactions en des moments d'enrichissement mutuel. Et rappelez-vous : chaque petite victoire compte et participe à votre perfectionnement global en tant que communicateur affirmé et respectueux.

- **Privilégiez une écoute attentive avant de prendre la parole**

Privilégier une écoute attentive avant de prendre la parole représente un élément fondamental pour exprimer vos idées de manière diplomatique et respectueuse. En accordant toute votre attention à votre interlocuteur et en faisant preuve d'empathie, vous augmentez vos chances de nouer des relations constructives et apaisées.

Voici comment procéder.

Supposez que vous participiez à une réunion au travail et que votre supérieur soulève un point de désaccord concernant un projet sur lequel vous travaillez. Au lieu de vous justifier immédiatement ou de ressentir de l'animosité, optez pour une écoute active. Concrètement, prenez des notes sur les objections soulevées et les émotions transmises par votre patron. Montrez-lui visuellement que vous êtes engagé(e) dans la discussion en relevant légèrement la tête, en gardant un contact visuel et en acquiesçant occasionnellement.

Une autre astuce consiste à poser des questions ouvertes pour clarifier certains aspects et manifester votre intérêt. Par exemple, vous pourriez demander : « *Pouvez-vous m'expliquer pourquoi vous pensez que cette option ne fonctionnera pas ?* ». Ou encore : « *Quels sont les impacts négatifs que vous anticipez en cas de mise en œuvre de cette proposition ?* ». Ces interrogations inciteront votre supérieur hiérarchique à creuser plus profondément sa position et à exposer ses véritables préoccupations. Elles vous fourniront aussi des indications précieuses pour adapter votre argumentation et aborder les aspects cruciaux de la controverse.

Validez ensuite vos impressions en reformulant les points clés de son intervention et en sollicitant sa validation. Par exemple : « *Si je résume bien, vous craignez que cette initiative ne soit pas viable financièrement et que cela nuise à notre image de marque. Est-ce exact ?* ». Cette démarche témoigne de votre engagement à comprendre son point de vue et à construire un pont entre vos deux positions. Elle diminue également les probabilités d'erreurs de perception ou de mésententes ultérieures.

Lorsque vient votre tour de vous exprimer, commencez par reconnaître les arguments de votre interlocuteur et reconnaissez leurs validités partielles. Reformulez-les brièvement puis exposez progressivement vos contre-arguments. Veillez à expliquer clairement les raisons qui sous-tendent votre opinion et à fournir des exemples concrets pour soutenir votre thèse. Restez calme, courtois et patient, même si votre opposant manifeste colère ou irritation. Gardez à l'esprit que votre objectif premier reste de parvenir à une entente équitable, et non de remporter coûte que coûte la dispute.

Adopter une écoute active et attentionnée revêt plusieurs avantages : outre le renforcement de votre empathie et de votre compréhension des autres, elle vous permet de collecter des informations vitales qui guideront vos actions futures et de fluidifier les dialogues conflictuels. En appliquant ces recommandations, vous vous affirmerez en tant que communicateur capable de concilier assertivité et sensibilité, deux ingrédients majeurs pour une expression diplomate et respectueuse de vos idées.

- **Reconnaissez vos erreurs et admettre vos failles constitue un moyen très efficace de diffuser les tensions**

Reconnaître ses erreurs et admettre ses failles est une composante primordiale de la communication diplomatique et respectueuse. Nombreuses sont les occasions où nous sommes amenés à admettre avoir eu tort, tant dans notre vie personnelle que professionnelle.

Ces moments peuvent être inconfortables, mais ils représentent également une opportunité exceptionnelle de solidifier nos relations et d'instaurer un climat apaisé et constructif. Voici quelques astuces pour tirer profit de ces situations délicates.

Commençons par identifier les circonstances propices à l'aveu de nos torts. Supposons que vous coordonnez un projet d'équipe et que vous avez omis de consulter un membre important avant de prendre une décision majeure. Face à son ressentiment légitime, il importe de reconnaître promptement votre imprudence et de présenter vos excuses. Si vous tardez à aborder le sujet ou si vous éludez la question, vous risquez d'éroder la confiance placée en vous et de fragiliser la cohésion de l'équipe.

Une autre situation courante consiste à recevoir une critique constructive visant une lacune ou un faux pas de votre part. Que vous soyez confronté(e) à un supérieur hiérarchique, à un pair ou encore à un client mécontent, gardez à l'esprit qu'admettre vos erreurs représente la meilleure issue possible. Considérez cette remarque comme une chance de vous améliorer et de rectifier le tir, plutôt qu'une attaque personnelle. Accueillez poliment la critique, examinez-la objectivement et, si elle se révèle justifiée, concédez vos torts et exposez vos plans pour y remédier.

Lorsque vous assumez la responsabilité de vos actions, veillez à employer un vocabulaire adéquat. *Formules telles que « je me suis trompé(e) », « je regrette profondément » ou « j'aurais dû faire différemment »* témoignent de votre honnêteté et de votre contrition. Abstenez-vous en revanche de minimiser vos torts, de blâmer d'autres facteurs extérieurs ou de chercher des excuses. Acceptez plutôt la totalité de la responsabilité de vos actes et manifestez votre engagement à changer.

Après avoir admis vos erreurs, concentrez-vous sur la proposition de solutions constructives. Proposez des alternatives concrètes et réalistes, puis travaillez conjointement avec vos interlocuteurs pour aboutir à un consensus acceptable par tous. Montrez que vous avez véritablement entendu leurs griefs et que vous œuvrez activement à les résoudre.

Adopter une attitude humble et bienveillante conditionne grandement la perception que les autres ont de vous. Ils sont plus enclins à vous pardonner et à vous accorder leur confiance si vous savez reconnaître vos imperfections et manifester de l'empathie à leur égard. Gardez à l'esprit que personne n'est infaillible et que nous faisons tous des erreurs. Assumez-les avec courage et dignité, et servez-vous-en comme tremplin vers un futur plus radieux et collaboratif.

Permettez-moi de conclure par une illustration probante de ces principes. Imaginons que vous dirigez une équipe commerciale et que vous vous apercevez qu'un objectif mensuel crucial a été fixé trop haut, engendrant stress et démoralisation chez vos collègues. Au lieu de persister dans votre position, reconnaissez publiquement votre erreur, excusez-vous sincèrement et, en collaboration avec votre équipe, déterminez un nouvel objectif plus réaliste. Offrir des compensations symboliques, telles que des jours de congé bonus ou un déjeuner offert, peut contribuer à raffermir les liens et à restaurer la motivation collective.

Vous voyez ainsi combien reconnaître ses erreurs et admettre ses failles joue un rôle capital dans l'amélioration de votre leadership et de votre communication globale. Non seulement cette démarche désamorce les tensions, mais elle favorise également la construction de ponts entre individus et stimule l'engagement collectif envers un objectif commun. Fort(e) de ces enseignements, vous possédez désormais une boîte à outils supplémentaire pour rayonner en tant qu'ambassadeur hors pair de la communication respectueuse et affirmée.

- **N'hésitez pas non plus à recourir aux compliments sincères et appropriés**

Complimenter sincèrement vos interlocuteurs représente une arme redoutable pour renforcer leurs sentiments d'être valorisé, estimé et apprécié. En soulignant leurs forces et leurs contributions positives, vous leur offrez la possibilité de ressentir un véritable attachement à votre égard, ce qui favorise un terrain fertile pour l'acceptation de vos idées et suggestions. Cet outil de communication, utilisé à juste titre, s'avère extrêmement puissant pour établir des relations productives et harmonieuses.

Vous travaillez en équipe sur un projet complexe et que l'un de vos coéquipiers excelle dans la coordination des membres et la motivation collective. Vous pourriez lui manifester votre gratitude et admiration en déclarant : « Je tiens sincèrement à te remercier pour ta contribution exceptionnelle à notre groupe. Ta capacité à mobiliser les individus et à stimuler leur engagement est vraiment remarquable. Grâce à toi, nous parvenons à tirer le meilleur parti de chacun et à fonctionner comme une machine bien huilée. Merci encore pour ton travail incroyable. »

De tels commentaires, prononcés spontanément et honnêtement, touchent droit au cœur de votre interlocuteur et le poussent à continuer dans cette voie, tout en cultivant une atmosphère propice à la collaboration et à l'écoute. Notez que les compliments excessifs ou superficiels risqueraient de nuire à votre crédibilité et d'instiller le doute quant à vos intentions. Restez donc fidèle à la vérité et veillez à ne jamais flatter artificiellement, sous peine de voir vos relations se gripper et vos objectifs compromis.

Lorsque vous complimentez quelqu'un, assurez-vous que vos propos visent spécifiquement un trait de caractère, une compétence ou une action particulière. Des affirmations trop généralistes, telles que « *tu es génial(e)* » ou « *tu es fantastique* », manquent cruellement de substance et paraissent peu crédibles.

En revanche, vanter les mérites de quelqu'un pour ses talents de médiation, son sens de l'organisation ou son ingéniosité en dit long sur votre perception fine et élogieuse.

Parfois, il importe de tempérer vos compliments en associant une critique constructive à vos éloges. Cette combinaison astucieuse, appelée sandwich aux critiques, consiste à encadrer une observation négative entre deux remarques positives. *Par exemple : « Ton rapport comporte de brillantes analyses et conclusions. Cependant, certains passages manquent peut-être de clarté et pourraient être rédigés de manière plus concise. Globalement, ta rigueur intellectuelle et ton expertise dans ce domaine constituent un apport majeur à notre organisation. »*

Comprenez que le dosage optimal de compliments variera selon la situation, la personnalité de votre interlocuteur et le contexte culturel. Certains milieux privilégient la sobriété et la retenue, tandis que d'autres accordent une place importante aux marques d'affection et à l'expression des sentiments. Adaptez-vous donc en conséquence et observez attentivement les codes sociaux en usage, afin de ne heurter personne et de maximiser l'impact de vos paroles bienveillantes.

Retenez que les compliments sincères représentent un élément clé de la boîte à outils de la diplomatie et de la communication respectueuse. Ils servent à solidifier vos liens avec autrui, à motiver les individus et à fluidifier les échanges. Veillez simplement à garder la tête froide et à ne pas verser dans l'excès ou la flagornerie, au risque de dilapider votre capital sympathie et de fragiliser votre crédibilité.

- **Gardez à l'esprit que la patience paie presque toujours**

Garder à l'esprit que la patience paie presque toujours revêt une importance capitale lorsqu'il s'agit de communiquer et de négocier efficacement. Nombreuses sont les occasions où nous sommes tentés de nous exprimer immédiatement et avec force, notamment lorsque nous sommes confrontés à des divergences d'opinion ou à des oppositions marquées.

Or, adopter une attitude patiente et réceptive favorise une meilleure compréhension mutuelle, stimule la collaboration et aboutit généralement à des issues plus satisfaisantes pour tous.

Voici quelques astuces et exemples illustrant comment tirer profit de la patience dans vos interactions.

Tout d'abord, veillez à ne jamais couper la parole. Interrompre quelqu'un engendre colère et frustration, et altère gravement la qualité de l'échange. Accordez à chaque intervenant le loisir de s'exprimer jusqu'au bout, puis prenez quelques secondes pour analyser et synthétiser leurs propos avant de rebondir. *Par exemple, imaginez une situation où deux collègues débattent d'une nouvelle orientation stratégique. L'un d'eux expose longuement ses arguments, tandis que l'autre manifeste bruyamment son impatience et multiplie les objections avant même que son vis-à-vis ait terminé de parler. Face à une telle impolitesse, le premier collègue se sentira probablement blessé, ignoré et irrité, ce qui nuira à la fluidité du dialogue. Si, en revanche, le deuxième protagoniste attend patiemment la fin de l'intervention, il sera en mesure d'adresser des remarques concises et circonstanciées, diminuant ainsi les risques de confusion et d'affrontement stérile.*

De même, autorisez des moments de silence durant vos conversations. Ces respirations favorisent l'introspection et la réflexion, incitant chacun à tempérer ses ardeurs et à moduler son discours. Elles constituent des opportunités supplémentaires pour absorber les éléments exposés et identifier d'éventuelles zones floues ou contradictions. Imaginez une équipe commerciale réunie autour d'une table pour examiner les performances trimestrielles. Après avoir passé en revue les indicateurs clefs et souligné certains dysfonctionnements, le chef d'équipe conclut en invitant chacun à s'exprimer librement. Silence. Personne ne dit mot pendant plusieurs secondes. Finalement, l'un des membres timides ose rompre la glace en abordant une question épineuse relatives aux objectifs individuels. Son intervention déclenche une vague de réactions similaires, amenant le groupe à reconsidérer collectivement sa feuille de route.

Sans ce moment de latence salvateur, les participants auraient peut-être été trop intimidés pour partager leurs interrogations, reportant ainsi une occasion précieuse de perfectionnement.

Respectez également les rythmes et les styles de chacun. Certaines personnes ont besoin de plus de temps pour assimiler les concepts complexes et organiser leurs pensées. Forcer ces dernières à statuer hâtivement risque de compromettre la justesse de leur jugement et leur engagement futur. Proposez des breaks réguliers lors des sessions prolongées, particulièrement si les échanges s'annoncent tendus ou passionnels.

Encouragez les retours écrits ou asynchrones pour permettre à ceux qui en ressentent le besoin de structurer leurs idées hors pression. Offrir un cadre flexible et accommodant maximise les probabilités d'aboutir à des consensus solides et durables.

Soyez conscients que la patience ne consiste pas uniquement à temporiser et à différer ses actions. Il s'agit aussi d'avancer progressivement, en faisant preuve de persévérance et de flexibilité. Revisitez régulièrement vos plans et vos priorités, en fonction de l'évolution du contexte et des feedbacks obtenus. Adaptez vos discours et vos attitudes pour maintenir l'engagement et l'enthousiasme de vos pairs. Et surtout, gardez foi en vos capacités et en votre légitimité à occuper l'espace qui est le vôtre.

Exprimer vos idées de manière diplomate et respectueuse requiert une bonne dose de tact, d'empathie et de self-control. Tenez compte des conseils ci-dessus pour optimiser vos chances de dialogue fructueux et harmonieux. Avec de l'exercice et de la détermination, vous verrez rapidement les fruits de ces efforts et consoliderez votre image de communicateur habile et sagace.

Action à faire à la fin du chapitre 8

Après avoir lu attentivement le chapitre 8 sur la négociation et la diplomatie, voici cinq actions concrètes à mettre en place pour optimiser vos compétences en ces domaines essentiels :

1. *Préparation minutieuse : Avant toute négociation, documentez-vous exhaustivement sur votre interlocuteur, comprenez ses motivations, ses forces et faiblesses ainsi que ses objectifs. Identifiez vos points forts et zones de compromis, puis imaginez différents scénarios probables. Une solide préparation constitue déjà un avantage considérable !*

2. *Établir un climat de confiance : Créez une atmosphère agréable, sympathique et honnête durant vos discussions. Adoptez une attitude constructive et encourageante, valorisez les contributions de votre vis-à-vis et manifestez un intérêt sincère pour ses opinions. Ces attitudes positives faciliteront l'instauration d'une relation harmonieuse et durable.*

3. *Activer l'empathie, encore et toujours : Placez-vous mentalement dans les chaussures de votre interlocuteur et essayez de comprendre comment il perçoit la situation. Reconnaître ses sentiments et émotions légitimes favorisera l'établissement d'une connexion profonde, susceptible de fluidifier les tractations et d'aboutir à des consensus profitables pour toutes les parties concernées.*

4. *Formuler des demandes assertives : Lors de vos requêtes, adressez-vous directement à votre homologue en utilisant le « je » affirmé (« Je souhaiterais... », « Je demande... »). Employez un vocabulaire factuel et*

privilégiez des tournures positives, orientées solution. Par exemple, au lieu de dire « Ne fermez pas la porte », optez pour « Veuillez laisser la porte ouverte ». De telles expressions incarnent un leadership assumé et responsabilisé.

5. *Gérer les objections avec tact : Face à une opposition, reformulez calmement les griefs exposés, validez les émotions associées et proposez des alternatives constructives. Restez zen, flexible et concentré sur le dialogue. Souvenez-vous que la confrontation n'est pas nécessairement synonyme d'affrontement, mais peut être l'occasion de consolider votre alliance.*

Adopter ces habitudes salutaires transformera radicalement vos performances en matière de négociation et diplomatie.

Chapitre 9 : La Puissance du non-verbal

Sous-chapitre 9.1 : Techniques pour interpréter et utiliser le langage corporel pour améliorer la communication

Dans notre exploration continue de la mise en pratique quotidienne de la **Méthode EPIIC,** permettez-moi de vous introduire à la section cruciale concernant le langage corporel que nous avons abordé dans le chapitre 1, élément vital de la communication non verbale. *Saviez-vous que près de 55 % de notre interaction repose sur le langage corporel ?* Comprendre comment interpréter et appliquer ces indices peut considérablement enrichir notre capacité à communiquer et instaurer des relations harmonieuses.

- **Commençons par aborder la posture**

Une posture droite et confiante incarne autorité et fiabilité. Imaginez un instant un leader politique debout, fier et digne durant un discours important. Sa stature imposante inspire immédiatement respect et admiration, projetant une image de force et de stabilité. Vous aussi, lorsque vous vous adressez à une audience, assumez cette posture prestigieuse. Tenez-vous droit, les pieds solidement ancrés au sol, signe d'ancrage. Reculez légèrement vos épaules afin de vous ouvrir à votre public et de manifester votre engagement dans l'échange.

À l'inverse, une attitude avachie transmettrait le sentiment d'un manque d'engagement et de sérieux. *Prenons l'exemple d'un employé négligent, traînant les pieds en arrivant au bureau. Son comportement las et démoralisé affectera rapidement l'ambiance générale, provoquant probablement un sentiment de morosité et de découragement.*

Assurez-vous donc d'éviter ces attitudes improductives en adoptant une posture affirmée et dynamique.

Gardez à l'esprit certains pièges courants susceptibles d'altérer notre maintien. Croiser les bras ou les jambes excessivement peut donner l'impression d'être protecteur ou de distanciation ce qui nuira à la fluidité de la conversation. Au lieu de cela, privilégiez des positions ouvertes, telles que poser une main sur la hanche ou garder les membres inférieurs parallèles, créant ainsi un environnement accueillant et invitant.

Examinons maintenant quelques cas concrets où la posture fait la différence :

Entretien professionnel : En tant que candidat(e) à un entretien d'embauche, adopter une posture confiante et droite témoignera de votre motivation et de votre professionnalisme. Plutôt que de vous enfoncer dans votre siège, relevez-vous et exposez hardiment vos arguments, les mains posées à plat sur la table pour marquer votre assertivité.

Rencontre amicale : *Lors d'une sortie entre amis, une posture alerte et ouverte facilitera l'entrée en matière et encouragera les discussions animées. Penchez légèrement la tête en avant et inclinez votre buste vers l'interlocuteur, démontrant ainsi votre intérêt et votre curiosité.*

Prise de parole en public : *Face à un large auditoire, maintenez une posture altière et stable, les yeux rivés sur l'horizon. Distribuez équitablement votre attention entre les différentes sections de la salle, créant ainsi un sentiment d'inclusion et de proximité.*

La posture revêt une importance capitale dans notre communication non verbale. Prenez garde à aligner votre colonne vertébrale, à ancrer vos pieds et à adopter des positions ouvertes et engageantes. Ces quelques habitudes simples, associées à une vigilance accrue quant à certaines attitudes néfastes, vous permettront de renforcer votre impact communicatif et de rayonner d'assurance.

- **Les mouvements des mains sont tout aussi importants**

Abordons maintenant plus spécifiquement les mouvements des mains, qui constituent un pilier important de notre communication non verbale. Ils occupent une place centrale dans l'art de converser, puisque les gestes amples et ouverts incarnent l'enthousiasme et l'honnêteté, tandis que des mouvements minimaux suggèrent davantage l'apathie ou l'hésitation.

Il est primordial d'accorder une grande importance à l'harmonie entre vos paroles et vos gestes. *Imaginez-vous en train de dialoguer avec un ami proche : spontanément, vos mimiques illustrent et soutiennent vos dires, offrant un supplément d'information à votre interlocuteur. Adoptez ce comportement authentique et naturel en toute occasion, particulièrement quand vous prenez la parole en public.*

Examinons ensemble différentes catégories de mouvements des mains susceptibles d'améliorer votre communication. Tout d'abord, les gestes illustrateurs consistent à souligner verbalement certains concepts, comme accentuer un mot ou une phrase, lever les yeux au ciel pour manifester surprise, ou encore pointer du doigt pour indiquer une direction. Ces actions concrétisent vos propos, facilitant ainsi la compréhension de votre auditoire.

Deuxièmement, les gestes rythmiques ponctuent votre discours, marquant notamment des pauses ou synonymes d'emphase. Ils peuvent revêtir la forme de battements de mains, tapotements de poings ou balanciers de bras, amenant fluidité et musicalité à votre allocution.

Vous disposez également des gestes adaptateurs, servant à apaiser stress ou nervosité. Concrètement, vous pouvez entrelacer vos doigts, tripoter boutons, boucles d'oreilles ou lunettes, ou encore vous frotter les paumes l'une contre l'autre. Attention néanmoins à ne pas tomber dans l'excès, car un usage excessif de ces gestes pourrait altérer votre image de confiance et professionnalisme.

Par conséquent, optez pour des mouvements des mains qui correspondent à vos intentions et valeurs. Par exemple, lorsque vous exposez une hausse, hissez votre main vers le haut afin de visualiser l'augmentation. Si, au contraire, vous faites référence à une diminution, descendez votre main vers le bas, tel un curseur glissant le long d'une ligne imaginaire.

Naturellement, il existe mille et une façons d'exploiter le langage corporel pour magnifier votre communication. Toutefois, n'oubliez jamais que la modération reste la clef d'une prestation équilibrée et agréable à observer. Ne forcez pas vos gestes et privilégiez avant tout l'authenticité, base fondamentale d'une intervention engageante et captivante.

- **L'expression faciale joue elle aussi un rôle capital dans la transmission de nos intentions et émotions.**

L'expression faciale est l'un des aspects les plus importants du langage corporel, servant de fenêtre sur nos émotions intérieures. En adoptant certaines expressions faciales spécifiques, vous pouvez instantanément changer la perception que les gens ont de vous et influencer leurs propres sentiments. Voici quelques techniques pour exploiter l'impact de l'expression faciale dans votre communication.

- **Regard attentif et encourageant :** Maintenir un contact visuel soutenu et constant donne à votre interlocuteur l'impression d'être important et estimé. Vous montrez ainsi que vous êtes concentré(e) et investi(e) dans la conversation, ce qui facilite l'établissement d'une connexion émotionnelle durable. Assortir ce regard d'un signe de tête occasionnel, tel qu'un léger hochement, marque encore davantage votre implication et votre accord. Toutefois, évitez de fixer intensément votre interlocuteur, au risque de provoquer un sentiment d'inconfort ou d'invasion de sa vie privée.

- **Expression neutre vs expression positive :** Une expression faciale neutre peut être interprétée comme un manque d'intérêt ou d'approbation, nuisant à la fluidité de la communication.

  Au contraire, arborer une expression agréable et invitante stimule l'harmonie et l'accueil, incitant vos interlocuteurs à s'ouvrir et à dialoguer librement. Affichez donc une mine réjouie et engageante, tout en conservant une certaine réserve, afin de ne pas tomber dans l'excès ou la superficialité.

- **Sourire sincère et adapté :** Un sourire authentique possède un pouvoir magique capable de dissoudre les barrières, d'amplifier l'empathie et d'encourager les autres à sourire à leur tour. Or, forcez artificiellement votre sourire et vous obtiendrez l'effet inverse : suspicion, distance et antipathie. Heureusement, différents types de sourires s'offrent à vous en fonction des contextes et objectifs.

- **Sourire timide :** Parfois, un large sourire radieux peut sembler excessif ou inapproprié, notamment lorsque vous faites connaissance avec quelqu'un ou traversez une période difficile. Optez alors pour un sourire discret et modeste, presque imperceptible, qui signalera néanmoins votre bonne disposition.

- **Sourire amical :** Destiné à saluer une nouvelle connivence ou à manifester votre contentement, ce sourire doux et cordial illuminera votre visage sans verser dans l'exubérance. Son intensité moyenne en fait un excellent compromis pour renforcer les liens sociaux et favoriser l'inclusion.

- **Sourire joyeux :** Exprimant la joie intense et la satisfaction profonde, ce type de sourire requiert un visage largement animé par une sensation de bien-être. Arborer un sourire heureux dans des moments particulièrement agréables ou comiques contribuera à alimenter l'allégresse collective et raviver les conversations.

Quel que soit le sourire choisi, gardez à l'esprit qu'il doit toujours provenir d'une émotion authentique. Autrement, votre auditoire risquerait de percevoir inconsciemment votre insincérité et de s'en méfier, freinant ainsi la construction de liens positifs. Prenez donc le temps d'explorer et de ressentir les sensations associées à chacun des sourires ci-dessus, et vous parviendrez rapidement à transmettre les ondes positives dont vous rêvez.

L'expression faciale constitue un instrument majeur pour accentuer la portée de vos communications, tant verbales que non verbales. En combinant habilement regards, mimiques et sourires adaptés, vous serez à même de susciter admiration, compassion et complicité, catalysant ainsi l'essor de connections épanouissantes et constructives.

Autre aspect essentiel du langage corporel : l'alignement et l'orientation de votre corps. Tourner votre torse vers la personne qui vous parle manifeste votre engagement et votre attention, contrairement à un angle trop prononcé, qui donnerait l'impression que vous aspirez à partir. Veillez donc à orienter convenablement votre buste selon la situation, favorisant ainsi une meilleure connexion avec vos interlocuteurs.

Enfin, prenez garde aux micro-expressions involontaires, telles que les sourcils levés ou froncés, qui peuvent trahir vos véritables sentiments. Bien que difficiles à contrôler complètement, être conscient(e) de leur existence vous permettra de reconnaître ces signaux et d'y remédier si nécessaire.

Apprendre à interpréter et utiliser le langage corporel constitue un outil extrêmement utile pour optimiser notre communication. Avec ces simples astuces en tête, vous serez à même de comprendre plus aisément les intentions de votre entourage, de valoriser vos propres messages et de nouer des liens plus solides. Gardez toujours à l'esprit que le non-verbal représente une formidable opportunité de maximiser notre influence et notre empathie, deux ingrédients clés pour une expression éloquente et efficiente.

Sous-chapitre 9.2 : Comment les signaux non-verbaux peuvent renforcer ou affaiblir votre message

Saviez-vous que près de 93 % de la communication repose sur des éléments non-verbaux ? Comprendre leur importance et apprendre à les maîtriser peut considérablement amplifier l'impact de vos messages.

Les expressions faciales constituent un moyen essentiel de véhiculer vos intentions et émotions aux autres. Par exemple, un sourire sincère permettra instantanément à votre entourage de ressentir votre joie et sympathie. De même, lever les sourcils traduit généralement la surprise, tandis qu'un froncement de sourcil manifeste le sérieux ou la concentration.

Votre regard joue aussi un rôle primordial. Maintenir un contact visuel soutenu pendant une conversation montre que vous êtes attentif et engagé. Au contraire, éviter le regard peut être interprété comme un signe de nervosité, d'incertitude ou de manque d'honnêteté. Ainsi, veillez toujours à adopter une attitude oculaire appropriée selon le contexte et vos objectifs de communication.

L'alignement de votre corps influe pareillement sur la perception de votre message. Une position droite, les pieds solidement plantés au sol et les bras légèrement écartés inspirent autorité et confiance en vous. Adoptez cette posture lorsque vous prenez la parole en public afin de galvaniser votre auditoire et marquer leurs esprits. Toutefois, attention à ne pas verser dans l'excès inverse en adoptant une attitude rigide et guindée, susceptible d'aliéner votre audience.

Parallèlement, les mouvements de vos membres peuvent servir à illustrer et ponctuer vos dires. Des gestes amples et harmonieux rythmant votre intervention maintiendront l'engagement de votre public tout en soulignant l'essence de votre propos. Mais gardez à l'esprit que trop en faire risquerait de parasiter votre message, voire de provoquer irritabilité ou confusion.

Ayez conscience que votre distance physique avec autrui construit ou rompt les barrières invisibles entre individus. Lors d'une discussion animée, opter pour une proximité raisonnable favorisera l'empathie et la complicité. À contrario, instaurer une zone tampon excessive isolera vos interlocuteurs et nuira à l'harmonie de vos relations.

Comme vous le voyez, les indices non-verbaux sont omniprésents et déterminants dans notre quotidien. Ils possèdent un incroyable potentiel pour consolider ou fragiliser vos communications. Dès lors, investir du temps dans l'apprivoisement de ces outils silencieux vous offrira immanquablement dividendes enrichissants et durablement fructueux.

Action à faire à la fin du chapitre 9

Dans ce chapitre consacré à la puissance du non-verbal, je vous invite à mettre en application les concepts abordés pour optimiser votre communication et amplifier l'impact de vos messages. Voici cinq actions concrètes à adopter :

1. *Prenez conscience de votre langage corporel: Observez attentivement votre posture, vos mouvements et vos expressions faciales. Assurez-vous que vos gestes soutiennent vos dires et ne risquent pas de parasiter votre message.*

2. *Interprétez le langage corporel des autres: Lors de conversations ou de présentations, soyez vigilants quant aux indices non verbaux envoyés par votre auditoire. Adaptez votre discours et votre attitude en fonction des réactions observées pour fluidifier l'interaction.*

3. *Pratiquez l'alignement verbo-non-verbal: Veillez à ce que votre corps, votre visage et votre voix véhiculent le même message cohérent. Harmonisez ainsi votre communication pour maximiser l'empathie et l'engagement de votre public.*

4. *Expérimentez différentes distances physiques: Testez plusieurs proximités avec vos interlocuteurs pour identifier leur niveau de confort optimal. Une distance appropriée facilite la conversation et instaure un climat de confiance mutuelle.*

5. *Exercez-vous à synchroniser votre rythme avec celui de votre auditoire: Accélérez ou ralentissez légèrement votre débit, vos pauses et vos respirations pour adapter au tempo de votre interlocuteur. Cette*

adaptation inconsciente favorise une meilleure compréhension et une complicité accrue.

En appliquant ces astuces, vous consoliderez votre maîtrise du non-verbal et boosterez votre influence relationnelle. Bonne chance dans vos exercices et n'oubliez pas de porter attention aux nuances subtiles de la communication non verbale !

Chapitre 10 : Ayez de la répartie et désamorcez des situations tendues

Sous-chapitre 10.1 : Développez la capacité de penser sur le champ

Dans ce dernier chapitre passionnant de notre exploration de la Méthode EPIIC, nous aborderons un aspect crucial de l'expression orale : *le développement de votre capacité à penser sur le champ*. Avec une bonne dose de patience, de discipline et d'exercice, vous apprendrez à improviser avec élégance, même dans les situations les plus stressantes. Voyons ensemble comment dompter ce talent précieux afin de toujours garder une longueur d'avance.

Imaginez-vous participant à une discussion animée dans laquelle on vous pose une question épineuse, ou confronté à une remarque cinglante qui nécessite une réponse immédiate. Que faites-vous ? Plongez-vous dans l'embarras et balbutiez-vous des excuses alambiquées, ou savez-vous rebondir avec grâce et spontanéité ? Si vous aspirez davantage à cette dernière option, permettez-moi de vous guider dans l'apprivoisement de l'aptitude ultime : Avoir de la répartie

Voici trois exercices simples et stimulants pour entraîner votre cerveau à fonctionner à grande vitesse :

o   **Exercice 1 : Une minute pour briller**

Prenez un moment pour imaginer cette situation : vous assistez à une fête entre amis, et, tandis que la conversation bat son plein, quelqu'un pointe du doigt une magnifique photographie suspendue au mur et vous invite à partager vos impressions sur le champ.

Et là, horreur ! Votre esprit reste vierge de toute inspiration, et vous balbutiez nerveusement une vague description qui ressemble plus à un gloussement embarrassé qu'à une opinion constructive.

Ne serait-il pas merveilleux de posséder la facilité de converser avec aisance et pertinence, quelle que soit la circonstance ? Voici exactement ce que vous propose l'Exercice 1 - Une minute pour briller.

L'objectif de cet entraînement consiste à vous familiariser graduellement avec l'exercice de l'improvisation, en optimisant votre capacité à extraire et organiser vos pensées de manière spontanée et harmonieuse. Suivez ces six étapes essentielles pour tirer profit de l'Exercice 1 - Une minute pour briller :

Étape 1 : Établissez une liste exhaustive

Commencez par compiler une liste regroupant une multitude de mots, phrases et images susceptibles de servir de base à votre expression orale. Veillez à varier les catégories, des concepts abstraits tels que l'« *Amour* » ou la « *Paix* » aux objets tangibles comme un « *Chat* » ou un « *Parapluie* ».

Étape 2 : Sélectionnez au hasard

Piochez chaque jour une nouvelle entrée au sein de votre inventaire, sans anticiper le choix suivant. De cette manière, vous maintiendrez un niveau constant de fraîcheur et de nouveauté, favorisant ainsi votre concentration et votre motivation.

Étape 3 : Configurez un chronomètre

Installez une minuterie ou un compte à rebours programmé pour vous aider à cadrer votre intervention. Bien que certaines applications mobiles offrent cette fonctionnalité, un simple chronomètre suffira largement.

Étape 4 : Parlez haut et fort

Contrairement à certains exercices silencieux de visualisation mentale, veillez à prononcer vos idées à voix haute. Non seulement cette méthode intensifie l'engagement sensoriel, mais elle vous habitue également à moduler votre timbre et votre débit, deux composantes majeures de l'éloquence.

Étape 5 : Enregistrez vos prestations

Munissez-vous d'un dictaphone portable, d'un téléphone intelligent ou d'un autre dispositif audio pour documenter chacune de vos performances. Analysez méticuleusement vos forces et vos faiblesses, identifiant les points à améliorer et les aspects positifs à valoriser.

Étape 6 : Augmentez progressivement la durée

Après avoir consolidé vos talents oratoires durant plusieurs sessions d'une minute, commencez à prolonger la durée de vos exposés. Augmentez d'abord l'intervalle à deux minutes, puis trois, et continuez jusqu'à atteindre cinq minutes, voire plus. Gardez néanmoins à l'esprit que la concision demeure un attribut majeur de l'éloquence, évitez donc de sombrer dans la digression superflue.

À titre d'exemple, imaginez que vous ayez pigé le terme « *Liberté* ». Voici une illustration approximative de ce que pourrait engendrer l'application rigoureuse de l'Exercice 1 – Une minute pour briller :

« Lorsque je songe à la liberté, je vois surgir devant moi une panoplie de symboles, depuis la Statue de la Liberté brandissant fièrement sa torche jusqu'aux vastes paysages sauvages qui invitent à l'exploration. La liberté représente la capacité de s'affranchir des chaînes qui nous retiennent, qu'il s'agisse de restrictions physiques, intellectuelles ou émotionnelles. Elle nous autorise à repousser les frontières de notre zone de confort et à embrasser les opportunités qui se dressent devant nous. Mais la liberté ne s'arrête pas là.

Elle recèle une dimension collective, car chacun de nous jouit d'une responsabilité morale vis-à-vis de ses semblables. Protéger et garantir la liberté de tous constitue un pilier essentiel de notre société démocratique.»

Comme vous pouvez le constater, ce passage synthétise habilement les caractéristiques phares de l'éloquence : vocabulaire riche, argumentation nuancée, rythme soutenu et engagement émotionnel. Adonnez-vous régulièrement à cet exercice salutaire et observez votre esprit se forger une robustesse à toute épreuve, apte à rayonner dans toutes sortes de contextes sociaux et professionnels.

- **Exercice 2 : Questionnement surprise**

Lorsqu'il s'agit de perfectionner votre capacité à penser sur le champ, l'Exercice 2 – Questionnement surprise est un outil fantastique et amusant. Il consiste à inviter un proche à vous bombarder de questions inopinées auxquelles vous devrez répliquer de manière spontanée. Non seulement cette activité favorise l'accroissement de votre vivacité mentale, mais elle instaure aussi un climat ludique et interactif entre vous et votre partenaire.

Commençons par identifier un complice consentant, tel qu'un membre de votre famille aimante ou un ami fidèle. Assurez-vous que cette personne soit disposée à jouer le rôle de l'interviewer curieux et inventif, et à participer à votre croissance intellectuelle.

Une fois votre acolyte recruté, convenez d'un moment opportun pour engager ce dialogue interactif. Veillez à ce que l'environnement soit calme et relaxant, afin de faciliter la concentration et l'imagination. De plus, évitez les sources de distraction telles que les téléphones portables ou les téléviseurs, car ils risquent de nuire à votre performance.

Lorsque vous vous sentez prêt(e), invitez gentiment votre comparse à vous cuisiner une succession de questions, aussi éclectiques que faisables. Par exemple, si vous travaillez dans le marketing digital, vous pourriez suggérer des questions relatives à ce domaine, ainsi que des interrogations plus générales sur l'actualité ou les loisirs.

Voici quelques suggestions pour alimenter la conversation :

Pouvez-vous expliquer en quoi consistent les cookies publicitaires et pourquoi ils sont controversés ?

Selon vous, quel sera l'impact de la réalité virtuelle sur notre société dans les dix prochaines années ?

Quels sont les meilleurs films que vous ayez regardés récemment et pourquoi les recommanderiez-vous ?

Après avoir lancé cette initiative, encouragez votre interlocuteur à alterner les catégories de questions pour optimiser l'entraînement de votre cerveau. Gardez à l'esprit que le secret de la réussite repose sur la multiplicité et la variété des interrogations, car cela force votre esprit à adopter différents angles d'analyse et modes de raisonnement.

Si, durant les premières sessions, vous peinez à fournir des réponses satisfaisantes, ne vous découragez pas. Comme mentionné précédemment, la pensée rapide requiert de l'entraînement et de la patience. Ainsi, continuez à vous exercer et, graduellement, vous observerez une nette amélioration de votre vivacité intellectuelle.

Vous voilà équipé(e) pour exploiter pleinement les vertus de l'Exercice 2 Questionnement surprise. Amusez-vous bien et observez votre mental devenir plus agile et plus brillant !

- **Exercice 3 : Devenez un acteur improvisé**

Rejoindre un groupe local de théâtre d'improvisation représente une excellente occasion de perfectionner votre capacité à penser sur le champ. Non seulement vous côtoierez des individus partageant les mêmes passions, mais vous profiterez également d'un environnement propice à l'expérimentation et à la croissance personnelle. De plus, cette activité divertissante favorisera l'essor de votre imagination et de votre sensibilité artistique.

Lors de représentations théâtrales interactives, prenez garde aux astuces employées par les acteurs pour capter l'intérêt du public, notamment :

Les ruptures de rythme: alternance habile entre dialogues soutenus et pauses calculées, destinées à intensifier les moments cruciaux et à créer un sentiment d'attente impatiente.

Les métaphores et images évocatrices: recours à des expressions imagées pour illustrer des concepts complexes et faciliter la compréhension mutuelle.

Les changements de tons et d'intonations: adaptation continue de la modulation vocale selon l'émotion véhiculée, pour souligner l'impact des mots prononcés.

Par exemple, imaginez une saynète durant laquelle deux personnages conversent calmement dans un salon feutré, quand soudain, un troisième intervenant fait irruption en criant et en gesticulant frénétiquement. Face à cette intrusion bouleversante, les premiers protagonistes peuvent adopter différentes attitudes : ils peuvent se raidir et se fermer, ou au contraire, se montrer curieux et empathiques. Selon leur réaction, l'issue de la scène variera substantiellement, offrant ainsi plusieurs possibilités de développement dramatique.

Outre le fait d'observer les pros en action, il importe de vous entraîner à appliquer leurs ficelles au sein de vos interactions journalières. Par conséquent, veillez à :

Adapter votre débit verbal aux circonstances, en variant les vitesses et les silences.

User de figures de styles colorées pour embellir vos phrases et raviver l'intérêt de votre vis-à-vis.

Moduler votre timbre vocal et accentuer certains mots pour marquer les points essentiels de votre argumentation.

À titre indicatif, voici un cas pratique tiré de la vie courante :

Supposez que vous assistiez à une réunion familiale et que l'un de vos cousins vante bruyamment les vertus d'un nouveau régime alimentaire controversé. Au lieu d'engager un débat stérile, optez pour une approche constructive et nuancée. Commencez par reconnaître poliment ses motivations, puis proposez gentiment d'approfondir la conversation ultérieurement, en solo ou accompagné d'un spécialiste nutritionnel. Cette attitude conciliante apaisera les esprits et instaurera un climat harmonieux, susceptible de favoriser un dialogue serein et enrichissant.

Grâce à ces judicieux conseils, vous serez bientôt armé(e) pour affronter toutes sortes de situations inconfortables avec calme, réflexion et ingéniosité. Et surtout, n'ayez jamais peur d'oser, car c'est en relevant des challenges osés que l'on repousse ses frontières et que l'on acquiert une meilleure maîtrise de soi. Bonne chance dans votre parcours vers l'éloquence naturelle !

Naturellement, la pensée rapide demande de l'entraînement, tout comme la course à pied ou le yoga. Toutefois, les avantages sont considérables et se manifesteront tant dans votre vie professionnelle que privée. Imaginez être capable de dispenser des opinions avisées lors de discussions impromptues, de contrer des objections courroucées avec tact et de provoquer l'admiration de vos pairs grâce à votre sagacité fulgurante.

Allez, osez relever ce challenge excitant et faites entrer la magie de la pensée rapide dans votre existence !

Sous-chapitre 10.2 : Stratégies pour maitriser les ripostes amusantes et les réponses malicieuses

Dans ce dernier Sous-chapitre de notre périple à travers la **Méthode EPIIC**, nous aborderons un aspect essentiel de la communication : la répartie et les ripostes habiles. Ces petites phrases assassines et spirituelles permettent non seulement de désamorcer des situations tendues, mais aussi d'ajouter une touche d'humour et de légèreté aux conversations. Voyons ensemble comment apprivoiser cet art subtil.

Il existe plusieurs types de répliques cinglantes, dont deux catégories sont particulièrement remarquables : *les reparties amusantes et les réponses malicieuses*.

Les reparties amusantes consistent généralement en une blague astucieuse ou une observation humoristique destinée à soulager la tension. Par exemple, imaginez que vous participiez à une discussion animée et que quelqu'un vous coupe constamment la parole. Plutôt que de vous emporter, vous pourriez dire avec ironie : « *Wow, je sens que je vais avoir droit à une standing ovation quand je terminerai une phrase !* » Cette réflexion légère et drôle apaiserait instantanément les esprits tout en affirmant poliment vos droits à la parole.

Quant aux réponses malicieuses, elles visent davantage à titiller gentiment l'autre personne. Admettons que quelqu'un vous complimente sur votre nouveau look, mais que vous ayez encore un peu de mal à vous habituer à ce changement. Une réponse coquette serait : « *Oh, merci ! Mais je ne suis toujours pas certain(e) d'être totalement convaincu(e)... Et toi, est-ce que ça te plaît ?* ». De telles formules ingénieuses stimulent l'interactivité et favorisent un climat agréable et complice.

Apprendre à manier ces armes conversationnelles requiert patience et entraînement. Voici trois stratégies pour perfectionner votre talent de la répartie :

- **Observez les professionnels :** Regardez des films comiques, assistez à des spectacles d'improvisation ou prenez note des dialogues de sitcoms populaires. Notez les meilleures réparties et adaptez-les à votre usage personnel.

- **Entamez des discussions improvisées :** Sortez de votre zone de confort en engageant la conversation avec des inconnus ou en participant à des événements sociaux spontanés. Plus vous exercerez votre esprit à rebondir rapidement, plus vos talents de la répartie s'affuteront.

- **Pratiquez l'auto-dérision :** Prenez l'habitude de tourner en ridicule vos propres imperfections et failles. Non seulement cela renforcera votre confiance en vous, mais cela incitera aussi les autres à être plus indulgent(e)s à votre égard.

Grâce à ces outils et techniques, vous serez bientôt capable de contrer les attaques verbales avec élégance et humour, faisant ainsi de vous un communicateur hors pair. Gardez néanmoins à l'esprit que la véritable force de la répartie réside dans sa nuance et son timing impeccable. Trop de zèle risque de provoquer l'effet inverse, alors dosez judicieusement vos traits d'esprit.

Félicitations ! Après avoir lu et appliqué les conseils contenus dans ce livre, vous disposez désormais d'un bagage solide pour exceller dans tous les aspects de la communication. Que ce soit en milieu professionnel ou privé, votre nouvelle panoplie de compétences vous sera extrêmement utile.

Au nom de la Méthode EPIIC, je vous souhaite bonne chance et bon courage pour continuer à cultiver et affiner vos dons oratoires. Ne jamais oublier que l'apprentissage est un processus constant et passionnant, alors continuez à explorer, innover et vous épanouir !

Action à faire à la fin du chapitre 10

Après avoir lu attentivement le dernier chapitre 10 de notre guide EPIIC, consacré à la répartie et au désamorçage des situations tendues, je vous propose cinq actions concrètes à mettre en place pour perfectionner votre agilité mentale et votre sens de la répartie :

1. *Pratiquez l'écoute active : Avant de riposter, assurez-vous d'avoir bien compris l'autre partie. Reformulez leurs dires sous forme de questions ou de phrases courtes, afin de clarifier leur position et ainsi faciliter la construction d'une réponse adéquate.*

2. *Apprenez à identifier les types d'attaques : Lors d'une conversation conflictuelle, essayez de classer mentalement les différents genres d'attaques (humoristiques, sarcastiques, blessantes, etc.). Une meilleure compréhension de l'origine de l'hostilité vous aidera à adapter votre riposte avec justesse et tact.*

3. *Prenez le temps de respirer : Face à une situation stressante, inspirez profondément par le nez et expirez calmement par la bouche. Cette pause salvatrice vous offrira un moment de recul nécessaire pour analyser la situation et envisager plusieurs options avant de répliquer.*

4. *Élargissez votre culture générale : Consacrez du temps à la lecture et à l'apprentissage de nouveaux domaines de connaissance. Plus vous serez cultivé, plus il sera aisé de rebondir sur des sujets variés, de varier votre vocabulaire et d'alimenter votre sagacité.*

5. *Exercez-vous à improviser : Participez à des activités telles que les stand-ups comiques, les tables rondes de discussions ou les clubs de débats pour muscler votre spontanéité et votre habileté à sortir des sentiers battus. Ces occasions vous permettront d'affronter une multitude de points de vue divergents, tout en testant et en consolidant vos capacités de répartie.*

Gardez en tête que le secret de la réussite réside dans l'exercice constant et la patience. Adoptez ces astuces progressivement, et observez comment elles fluidifient vos conversations et amplifient votre présence d'esprit. Bon courage dans votre parcours vers une communication harmonieuse et brillamment interactive !

Conclusion

Au fil des pages, nous avons exploré ensemble les rouages de la **Méthode EPIIC** et ses techniques éprouvées afin que vous deveniez maître dans l'influence naturelle. Notre périple fut ponctué de découvertes passionnantes et de challenges stimulants, tandis que nous apprenions à dompter notre expression orale, notre persuasion, notre intelligence émotionnelle et notre inspiration. Vous avez été formidable, curieux et engagé tout au long de cette odyssée littéraire et intellectuelle.

Maintenant, armés de ces outils, vous êtes prêts à entamer une nouvelle phase de votre vie : *celle de l'éloquence affirmée et de la communication efficiente.* Que vous preniez la parole en public, conversiez avec un ami ou élaboriez une argumentation solide, la méthode EPIIC sera votre phare, vous guidant à travers les tempêtes et les moments d'hésitation.

N'ayez jamais peur de vous remettre en question ni de perfectionner vos talents. Comme l'exploration elle-même, la maîtrise communicative est un processus continuellement évolutif. Soyez indulgent envers vous-mêmes et reconnaissez que chaque effort compte, même quand les résultats sont imperceptibles. Gardez foi en votre potentiel illimité et continuez à repousser les frontières de votre zone de confort.

Permettez-moi de vous féliciter pour avoir investi temps et énergie dans ce voyage initiatique. Vous possédez désormais un bagage exceptionnel, capable de métamorphoser votre communication et votre interaction avec les autres. Ouvrez grandes les portes aux opportunités nouvelles et faites vibrer le monde avec votre verve incomparable !

Terminons en beauté cette exploration commune, car c'est ensemble que nous avons gravi les montagnes de l'expression orale. Toutefois, gardez toujours à l'esprit que, pour rayonner véritablement, il est important de continuer à creuser en soi, afin de tirer parti de ses ressources innombrables. Ainsi, je serai heureux d'avoir contribué, aussi modestement soit-il, à votre croissance personnelle et professionnelle. Bravo, et bon vent dans votre vie emplie d'éloquence !

REMERCIEMENTS

Permettez-moi de prendre un moment pour exprimer ma gratitude à tous ceux qui m'ont accompagné sur ce chemin de découverte et de maîtrise de l'art oratoire et de la communication. Ce livre est le fruit d'un travail de longue haleine, et sans le soutien, les encouragements et les critiques constructives de nombreuses personnes, cette aventure aurait été bien plus ardue.

Je tiens à remercier en particulier mes collègues, mentors et étudiants qui ont eu la patience et la générosité de partager avec moi leurs expériences et leur savoir. Leur influence a été une source d'inspiration constante et a profondément enrichi les pages de ce manuel.

Un merci tout spécial à ma famille et à mes amis pour leur amour inconditionnel et leur soutien indéfectible, même aux moments où le doute et la fatigue auraient pu prendre le dessus. Leur foi en mon projet a été un moteur essentiel à sa réalisation.

Enfin, je souhaite exprimer ma reconnaissance à vous, chers lecteurs et lectrices, qui avez choisi de donner une chance à ce livre. Votre engagement envers votre propre croissance et excellence ne cesse de m'inspirer. C'est pour vous que ce livre a été écrit, et j'espère qu'il vous apportera les outils nécessaires pour exceller dans vos propres voyages relationnels.

Votre avis est précieux !

À présent que vous tenez ce livre entre vos mains, j'espère sincèrement qu'il vous sera utile et que vous y trouverez les clés pour débloquer votre potentiel de communicateur. Après avoir terminé votre lecture, je vous serais infiniment reconnaissant si vous pouviez prendre quelques instants pour laisser un commentaire sur votre plateforme d'achat préférée. Vos retours sont cruciaux pour moi : ils m'aident non seulement à améliorer cet ouvrage, mais aussi à comprendre comment mieux répondre à vos besoins et attentes dans mes futures écrits. Chaque commentaire est une pierre ajoutée à l'édifice de notre apprentissage commun.

Merci encore pour votre temps, votre esprit ouvert et votre volonté de grandir. Ensemble, façonnons un monde où la communication et l'éloquence ouvrent des portes et créent des ponts.

Au plaisir de vous retrouver dans ces pages et au-delà,

François Camus

www.ingramcontent.com/pod-product-compliance
Lightning Source LLC
Chambersburg PA
CBHW071043240526
45471CB00014B/392